O BOM CONTÁGIO
MONJA COEN

O BOM CONTÁGIO
MONJA COEN

1ª edição

Best*Seller*

Rio de Janeiro | 2021

CIP-BRASIL. CATALOGAÇÃO NA PUBLICAÇÃO
SINDICATO NACIONAL DOS EDITORES DE LIVROS, RJ

C622b

Coen, Monja,
O bom contágio / Monja Coen. – 1. ed. – Rio de Janeiro : Bestseller, 2021

ISBN: 978-65-5712-103-0

1. Vida espiritual – Zen-budismo. 2. Epidemias – Aspectos religiosos – Budismo. 3. Conduta. 4. Ética social. I. Título..

20-67910

CDD: 294.3927
CDU: 244.82

Meri Gleice Rodrigues de Souza – Bibliotecária – CRB-7/6439

Texto revisado segundo o novo Acordo Ortográfico da Língua Portuguesa.

O BOM CONTÁGIO

Copyright © 2021 by Monja Coen

Layout de capa: Leonardo Iaccarino
Foto de capa: Andre Genzo

Todos os direitos reservados. Proibida a reprodução,
no todo ou em parte, sem autorização prévia por escrito da editora,
sejam quais forem os meios empregados.

Direitos exclusivos de publicação em língua portuguesa para o mundo
adquiridos pela
EDITORA BEST SELLER LTDA.

Rua Argentina, 171, parte, São Cristóvão
Rio de Janeiro, RJ – 20921-380
que se reserva a propriedade literária desta obra.

Impresso no Brasil

ISBN 978-65-5712-103-0

Seja um leitor preferencial Record.
Cadastre-se no site www.record.com.br e receba informações
sobre nossos lançamentos e nossas promoções.

Atendimento e venda direta ao leitor
sac@record.com.br

Sumário

Introdução — 7

Alegria — 9
Vida — 17
O bem — 27
Sabedoria — 33
Compaixão — 41
A paz — 51
Paciência — 59
Esforço correto — 71
Arrependimento — 77
Equidade — 87
Doação — 95
Vida ética — Preceitos — 107
Silêncio — 115
Fala correta — 121

Meio de vida correto: Investigação dos fenômenos 127
Amor incondicional 135

Introdução

◆

Quando não há mais nenhum querer e não é apatia.
Quando já não há um "eu" que queira contagiar você com o bem, como fica?
Passamos por muitas experiências inéditas.
Ruas vazias, medos, mortes, contágios.
Agora chega.
Não acabou ainda, é verdade.
Mas está diferente.
Voltou o trânsito e voltaram os assaltos nas ruas.
Ondas e ondas, máscaras, distanciamento e festas aglomerações-contágio continuam.
No início disso tudo, recebi uma mensagem.
A Raïssa Castro, editora da Best Seller, me mandou um WhatsApp. Para eu escrever um livro.
Era o início da pandemia. Só conseguia pensar no vírus. Foi saindo um texto diferente dos que até então eu vinha escrevendo. Rimado. Parecia cordel. Não foi aceito. Fiz dele

um e-book e já o senti velho, mesmo antes de ser lançado. Era tão pontual que passou, como tudo passa.

Raïssa me chamou de novo.
Que tal escrever sobre o bom contágio?

As pessoas podem ser contagiadas por coisas boas, invisíveis, minúsculas e assim, contagiadas pelo bem, espalham, viralizam por toda parte a ternura e o cuidado.

Está na hora de despertarmos.
Está na hora de viralizar o amor e o cuidado.
Está na hora de fazer o bem a todos os seres.
Aprendemos coisas boas, novos sentimentos, podemos mantê-los vivos mesmo que só por alguns momentos.

Chega de reclamar, de falar mal, de mentir, de odiar.
É tempo de reconexão, de realinhamento.

Mudamos. Não somos mais quem éramos e nem quem seremos.

Neste agora passageiro, passemos adiante a capacidade humana de regeneração, de cura, de compartilhamento, de alegria, de vitalidade e paz.

Que todos e todas se beneficiem.

Mãos em prece,
Monja Coen

Alegria

•◆•

Se querem escapar do sofrimento, precisam conhecer o estado de satisfação. Estar satisfeito é manter um estado mental de paz e felicidade. Uma pessoa satisfeita é feliz, mesmo dormindo no chão duro. Uma pessoa insatisfeita, mesmo vivendo em um palácio celestial, é infeliz. Embora esta segunda pessoa possa ser rica, na verdade é pobre. Embora a primeira possa ser pobre, na verdade é rica. A pessoa satisfeita sente piedade pela pessoa insatisfeita. A insatisfeita é escrava dos cinco desejos.

O trecho acima é do Breve Parinirvana Sutra — o último ensinamento de Xaquiamuni Buda.

Você já considerou qual seria a última mensagem que gostaria de deixar às pessoas que ama e respeita?

Imagine a cena: deitado sobre o lado direito, sabendo que só há mais alguns momentos de vida. Você está cercado por amigos queridos, discípulas e discípulos, e sente a vida se esvaindo. Já não há mais tempo para grandes discursos e explicações. O essencial deve ser transmitido de forma direta e simples para que eles não esqueçam. A fala, entrecortada por respirações e silêncios, revela a verdade de forma decisiva e final.

O que você diria nesse momento? O que dirá?

O trecho citado foi o que Buda falou, pouco antes de morrer. Foram oito recomendações principais:

1. Libertar-se da ganância
2. Satisfação (alegria, contentamento)
3. Apreciar a quietude
4. Diligência
5. Memória correta
6. Prática de samadhi
7. Prática da sabedoria
8. Evitar conversas fúteis (inúteis)

Para acessar a alegria, é preciso se libertar de cinco apegos ou desejos que prejudicam nosso estado de satisfação.

E quais são, segundo Buda, os cinco desejos que nos aprisionam e nos tornam insatisfeitos?

O primeiro é o desejo por propriedades, por ganho, por riquezas materiais. Por mais que se tenha, ainda falta algo, queremos sempre mais. Vemos isso nos jornais, pessoas que, controladas pelo desejo de ter, deixam de ser, de conviver, de apreciar a vida.

O segundo é o desejo por amor sexual. Sempre à procura de novos e mais intensos prazeres sexuais — o que pode se tornar um vício incessante em vez de um prazer, de completude, satisfação.

O terceiro é o desejo por comidas especiais, bebidas raras. A pessoa já não se satisfaz com o que é mais simples e natural e está sempre à procura de novos sabores, novos paladares.

O quarto desejo é por fama, reconhecimento. Pessoas que querem saber quantos seguidores têm em suas redes sociais, que esperam públicos cada vez maiores para difundir suas ideias ou sua arte, muitas vezes deixando de lado o essencial para ter o reconhecimento de milhões.

O quinto e último dos desejos que podem nos escravizar é o desejo pelo sono. Querer dormir mais e mais. Dormir muito se torna um vício e as atividades são deixadas em segundo plano.

Sentir o contentamento com a existência é mais do que uma alegria passageira. Essa alegria de viver, a satisfação verdadeira é fruto de treinamento, estudo, prática.

Ninguém pode dar a você alegria de viver.
Ninguém pode tirar de você a alegria de ser.
A alegria não é uma herança genética. É uma condição a ser desenvolvida, treinada, estudada, praticada.

Satisfação, contentamento até mesmo nos momentos mais complicados e difíceis.

Recentemente, uma pessoa me procurou dizendo: "Como posso ser feliz em meio a esta pandemia, a tantas mortes, tantas doenças e sofrimentos?"

Certamente não vamos rir e celebrar nenhuma das mortes, nem tratar com leveza e desconsideração as pessoas que sofrem.

Por meio da identificação — habilidade humana de sentimento —, lamentamos todos e quaisquer sofrimentos, abusos e discriminações preconceituosas.

Ao mesmo tempo, somos também capazes de nos alegrar com os nascimentos, as curas, as novas leis e regras contra abusos e preconceitos.

Quando adentramos o caminho da sabedoria, da compreensão profunda e sutil da formação, manutenção e transformação dos elementos essenciais penetramos em um estado de alegria, completude e satisfação irremovíveis.

O que nos preenche é o conhecer a si mesmo, conhecer a nossa mente e reconhecer que não somos o que supunhamos ser. Somos o que somos. E o que somos é uma multiplicidade incessante de instantes, onde inúmeros sentimentos, sensações e percepções ocorrem.

Libertar-se de apegos e aversões é libertar-se de si mesmo. Não é tarefa fácil. Inclui tristeza, sofrimento, angústia e luto. Luto por tudo o que criamos em torno de nós mesmos para autenticar um personagem irreal.

Desnudar as inúmeras camadas de autoproteção, autoajuda.

De repente, encontrar-se a sós, sem os apoios imaginários que nos mantinham.

Descobrir o equilíbrio que nos permite ficar em pé, caminhar, correr, dançar, equilibrar na corda bamba e na prancha de surf, nas pistas de skate.

Se houver a menor intenção de acertar, o momento se perde, o equilíbrio se quebra e ossos se partem.

Cuidado!

A alegria pode ser partilhada.
A alegria pode ser contagiada.
Uma pessoa realmente satisfeita, que conhece o contentamento, provoca em outras a alegria simples e pura pela existência.

Sem esperar nada. Sem expectativas de recompensas e prêmios, reconhecimento e medalhas, aumentos salariais ou mais carinhos e afetos.

Quem convive com animais é capaz de desenvolver o amor incondicional, de um olhar, de um carinho, da ternura do reencontro, da alegria de compartilhar a vida.

Um rabo abanando, um latido, uma corrida, um afago.
E a alegria do amor vibra no ar.

Já tive muitos cães. Vou contar a história de Taiá de Oisirca. Era uma cadelinha miniatura pinscher, pequenina, preta e castor. Quando minha filha nasceu, minha mãe se preocupou — será que a cadelinha iria perturbar o bebê?

Certa tarde, minha mãe saiu para fazer compras e Taiá entrou no carro com ela. Eu fiquei em casa, amamentando.

Minha mãe voltou sem Taiá. Fugira do carro. Fiquei muito, muito triste.

Conhecia um apresentador de TV chamado Silveira Sampaio. Não era programa de auditório, mas de tempos em tempos eu e meu marido, mais um outro casal, íamos assistir o programa e depois jantávamos juntos. Nos bastidores, o jovem Jô Soares circulava e brincava sobre seu filhinho recém-nascido e o prazer de vê-lo mamar.

Bem, alguém disse ao produtor do programa de meu drama, sem Taiá. Ele me chamou e cochichei em seu ouvido sobre a cadelinha. Choveram telefonemas. Ela tinha um detalhe — faltava uma unha em uma das patas. Assim pude selecionar entre todos os telefonemas e a encontrei numa casa a dois quarteirões da nossa.

A senhora tinha vários dobermanns, que parecem grandes pinschers. E ela saiu do canil e subiu pelo meu corpo, choramingando, rindo, feliz. Subia e descia. Eu e a dona da casa chorávamos de alegria.

A alegria do reencontro.
A alegria do amor puro e simples.

Há tantas possibilidades de ser feliz.

Há tantos instantes de bem-estar: encontrar uma rua, uma pessoa, descobrir ensinamentos, conhecer a si mesmo.

Talvez este último seja o verdadeiro estado de satisfação, esta a maior alegria — o autoconhecimento.

É a capacidade de reconhecer o sagrado em cada instante, clarificar o milagre, ser capaz de atravessar desertos e montanhas, mares e rios largos, passo a passo, braçada a braçada, experimentando e sendo, simultaneamente, a vida em sua própria vida.

Você pode, eu posso, nós podemos.

Não apenas pelo pensamento positivo ou querendo trocar um ser triste por um ser alegre, mas reconhecendo os inúmeros aspectos e instantes que nos atravessam e que atravessamos, com a curiosidade simples de quem experimenta o prazer de viver.

Treine, pratique, leia, estude, procure o caminho da alegria verdadeira e torne-se um átomo de contentamento, uma partícula de satisfação, que provoca, incita e contamina outros átomos, prótons, elétrons e ao grande vazio, ao grande nada a um estado de plenitude.

Tal é a natureza da alegria.

Vida

•◆•

Interdependência é vida.

Nada existe por si só.
Cientistas chamam de coexistência.
Buda chamava de Origem Dependente: disto surge aquilo e daquilo surge isto.
Uma trama de causas, condições e efeitos.

"Quem entende a causalidade entende o darma."

Darma é a Lei Verdadeira, o que rege a existência.

"Vidamorte", seu movimento incessante.
Quando deixamos de desejar uma e temer a outra estamos livres e podemos apreciar tudo e todos — isso é viver com plenitude.

Eu posso, tu podes, ela pode — todos podemos.

Depende da nossa mente, da nossa disposição, do nosso olhar sábio ou não para a realidade.

Quem teme a vida não a aprecia.
Quem deseja a morte não aprecia a vida.
Quem teme a morte não aprecia a vida.
Quem deseja a vida está distante de sua própria vida.

Livre é a nossa existência.

Um grande oceano — todo de água salgada. Causas e condições surgem e uma onda se manifesta. A onda é durante todo o tempo de onda, movimento e transformação. A onda tem começo, meio e fim.
A onda tem direção, tamanho, duração.
Entretanto, quando a onda se quebra, a espuma na beira da praia ainda é a onda, ainda é o mar. E uma onda interfere na seguinte. Movimento incessante.
Assim é a vida.

Quem percebe a interdependência, percebe que esta é a vida em si mesma.

Fluindo, se transformando a cada instante. Coexistindo, em profunda interdependência, interrelacionadas estão todas as formas de vida.

Somos poeira cósmica reciclável e reciclada.

E o que podemos fazer?

Sim, o que podemos fazer a partir do agora?

A partir desta forma humana capaz de ler um livro, de entender palavras, de apreciar a vida?

O que já passou deixou memórias e ensinamentos.

O que virá ainda não sabemos ao certo, mas podemos planejar e nos organizar criando novos objetivos e novas propostas.

O que é agora?

Neste instante em que seus olhos tocam as páginas deste livro?

Como você está?

Sua vida está aqui.

Seu coração pulsa, sangue circula por veias e artérias, linfa, pelos vasos linfáticos.

Somos esse conjunto de tecidos e órgãos.

Somos o cérebro e sua trama, rede de neurônios transmitindo e recebendo correntes elétricas que mudam nossos humores e até os sabores da vida.

Não é fascinante?

O monge Joshu, na China do século VIII, tornou-se religioso com 60 anos de idade. Foi um grande mestre. Dizem que ensinou até os 120 anos.

Será que ainda dá tempo de você mudar os rumos de sua vida?

O que gosta de fazer?
O que sente prazer em fazer?
O que você faz com prazer beneficia outros seres?
Beneficia você e sua família?
Cria condições de sobrevida?

Sobre viver — viver acima da vida?
Capacidade de suportar a quase morte?
Resiliência?

Nada de reencarnação.
Recentemente, Sua Santidade, o XIV Dalai Lama surpreendeu a todos em uma entrevista coletiva dizendo que não haverá mais reencarnações de Dalai Lamas.

Interessante.
Seria porque os chineses disseram que está com eles a próxima encarnação do Dalai?
Seria pelas brigas e disputas que poderiam surgir caso reencarnações sejam comprovadas em todos os locais?

Há um poema que lemos em preces memoriais sobre as relíquias de Buda. Não sobre reencarnações de Buda.

As relíquias de Buda, aquilo que foi encontrado entre seus ossos e cinzas e que muitos adoram, criam exposições, museus, locais sagrados, diz o poema:
"As relíquias de Buda são a vida da Terra.
Estão em todas as direções, em todos os lugares."

O sagrado não está apenas em Bodigaya, onde Buda despertou sob uma grande árvore. Nem por onde passou, onde viveu, onde nasceu ou onde morreu. Nem mesmo nas estupas onde suas relíquias foram guardadas e levadas pelos reinos da Índia.

"Nada é sagrado" — exclamou o monge Bodidarma, que levou os ensinamentos e as práticas zen da Índia para a China, no século VI.

O imperador de Liang, com quem Bodidarma dialogava, ficou furioso. Ele havia construído templos, mosteiros, facilitado traduções e o desenvolvimento do budismo na China e este monge dizia que nada era sagrado? Que ele não havia ganhado méritos incomensuráveis?

Do ponto de vista do absoluto, do todo, não há nada especial.

Certa vez, durante um retiro no Zen Center de Los Angeles, onde eu era uma aspirante a zen-budista, nosso professor disse:

"Todo o corpo é Sabedoria."

Foi uma frase importantíssima para mim.
Sempre queremos encontrar o local da Sabedoria no cérebro. Deve estar em algum lugar específico.
Da mesma maneira, achamos que o bem, a sacralidade, a compaixão se alojam em algumas células específicas. Entretanto,

a prática da sabedoria e da compaixão se baseia em estímulos e treinamentos sutis e profundos, onde todo o corpo e toda a mente desenvolvem características de bondade — sem ranço: compaixão — sem apegos: sabedoria — sem marcas.

O olhar desperto, a visão correta, pode se manifestar em todas as pessoas. Desde que haja procura, treinamento, dedicação, entrega, humildade.

Sem prática, não há realização. Frase do fundador da ordem Soto Zen Budista, no Japão do século XIII, Mestre Eihei Dogen.

É importante analisar essa frase. A iluminação, o despertar, não ocorre por milagre. Não está adormecida em nós e nem pode nos ser dada por outrem.

Somos o que praticamos.

Buda pratica Buda. No momento da prática, já nos tornamos. Escolhas.

Sua vida é o que você vive.

O que faz, o que fala, o que pensa.

Suas escolhas — discernimento correto.

Mesmo que neurocientistas considerem que temos apenas 5% de livre arbítrio — o resto seriam condicionamentos genéticos e de experiências —, esses 5% fazem toda a diferença. Aqui está nossa capacidade de filosofar, questionar, escrever poesia, música, fazer tratados matemáticos, pesquisas de física, biologia, artes. Toda e qualquer escolha, quer para o bem, quer para o mal, depende dos 5% de livre arbítrio, do não determinado.

Lembro-me da minha primeira visita a Hiroshima.
Haviam me dito que era uma cidade sinistra, com as memórias da bomba atômica.

Cheguei com um grupo de pessoas e fomos visitar os escombros do prédio de estilo europeu que foi deixado sem retoques para relembrar a tragédia.

Sou monja zen-budista.
Em locais de mortes, atentados, sofrimentos, eu oro.
Fizemos um semicírculo em volta do monumento, lado a lado, olhando para os escombros, iniciamos as orações.
Enquanto orava, percebi o verde dentro das ruínas, plantas que cresciam e passarinhos voando e se aninhando. Na parte mais alta da edificação, pensei haver a escultura de um grande pássaro de concreto, tão imóvel estava. De repente, ele se mexeu.
Havia vida. Muita vida.

Mais de cinquenta anos depois da onda de morte avassaladora do dia 9 de agosto de 1945.

Atrás de nós, corria o rio. Aquele mesmo rio que secara e cujas águas ficaram insalubres pela radiação.

O rio corria livremente, águas límpidas. Crianças, jovens, idosos, brincavam ou se sentavam às margens para comer, namorar. A vida borbulhando.

No museu, onde imagens de cera, junto a pedaços de roupas, tecidos, sapatos, utensílios, fotos e mais fotos dramáticas, trágicas, medonhas revelavam o horror de uma bomba atômica — poucos visitantes não japoneses estavam cercados por centenas de crianças e jovens japoneses. Estavam com uniforme escolar e, ao final da visitação, faziam uma homenagem em frente a uma estátua de uma jovem que morrera das radiações atômicas. A homenagem era um juramento de nunca mais usar armas atômicas.

Memória viva para uma vida plena, quem sabe, mais amena.

Houve, na história da humanidade, muita dor, mortes, genocídios, tragédias medonhas de seres humanos contra seres humanos.

Além das calamidades provindas dos movimentos da Terra: erupções vulcânicas, maremotos, tsunamis, incêndios, secas, enchentes.

Cada vez que percebemos nossos descuidos, erros, faltas, não podemos voltar e apagar o que aconteceu.

Mas podemos nos comprometer a não repetir o erro.

A devastação da bomba atômica se tornou o grande memorial de Hiroshima, onde as fotos e os nomes de todos que morreram na manhã da bomba ou em consequência de queimaduras, ferimentos e radiação posteriores estão dispostos em edificações cercadas de fontes de águas puras. Como todos quiseram água naquele dia!

Há também um sino grande, como os sinos dos grandes templos e mosteiros budistas, sino sem badalo, que toca ao puxarmos por uma corda uma tora de madeira. De tempos em tempos ouvimos "gong", "gong" e sabemos que é uma homenagem a todos que lá sofreram.

Em um local aberto, um pátio no jardim, há um monumento fino, longo, alto e, no topo, a estátua de duas crianças. Há vários armários de vidros com centenas de milhares de origamis (dobraduras de papel) em forma de *tsurus* ou grous. As crianças que sofreram das radiações iniciaram essas dobraduras lá nos hospitais da guerra, pedindo por sua recuperação. Não houve. Essas crianças morreram. Ainda há pequenos origamis que fizeram e podemos imaginar os dedinhos finos, delicados, dobrando o papel.

Hoje, pessoas do mundo todo enviam origamis coloridos para a cura e com o compromisso de não repetir jamais ataques de bombas atômicas, compromisso de evitar que se repitam.

Quem faz os votos? Nós, os vivos, os sobreviventes.

Somos todos sobreviventes de dinossauros e catástrofes, de guerras e extermínios. E sempre haverá quem sobreviva a todos nós.

Que corrijam nossas faltas e erros, que não os repitam e deem vida à sua própria vida.

O bem

Quero contagiar você e o mundo todo com o bem.

Mas, o que é o bem?
O meu bem, o seu bem, o bem coletivo?
Como posso saber o que é benéfico para outras formas de vida?
Com algumas, nos identificamos, não com todas.

Uma vez, perguntaram a Buda sobre o que seria o bem, visto que, dependendo da situação, o que se considera o bem poderia ser prejudicial. Buda respondeu:

"Se o que você falar, fizer e pensar levar o maior número de seres à verdade e ao caminho, será o bem."

O contrário é verdadeiro. Se através de ensinamentos falsos, de fake news, afastarmos as pessoas da verdade e do caminho, estaremos nos afastando do bem.

Bem me quer, mal me quer — e a pobre margarida fica despetalada. Será que o nosso bem depende de alguém nos querer bem?

Parte sim, certamente.
Dizer que está tudo bem quando somos feridas — há tanto feminicídio —, não seria verdadeiro.

Respeito faz bem.
Carinho faz bem.
Ternura, inclusão, afago, diálogo, encontro, amor, compaixão, cuidar.

Ah! O cuidado tem a ver com o bem.

Cuidar de alguém, cuidar de si, cuidar da vida com alegria.

Cuidado!

No sentido de estar atento é sempre benéfico. Evita acidentes de trabalho, acidentes de trânsito, acidentes acidentais dos descuidos ao falar, ao se mover e ao pensar.

Você já cuidou de seus pensares hoje?
Observou como anda a pensar?
Pensa o bem ou pensa o mal dos outros e de si mesma? Pensa bem ou mal pensa?

Aprecia a vida ou reclama, resmunga e cobre seu corpo de cinzas?

No zen-budismo, temos três Regras de Ouro:

Não fazer o mal.
Fazer o bem.
Fazer o bem a todos os seres.

Evitar o malfeito, o sem jeito, o de qualquer jeito.
Evitar prejudicar a si e a outrem.
Não fazer nadinha que possa caluniar, ofender, dividir, separar, maltratar, discriminar preconceituosamente.

Acho bom lembrar que discriminação é a capacidade mental de reconhecer diferenças. Vemos a diferença entre a luz e a sombra, sentimos o calor e o frio, percebemos odores e sabores, texturas, pensamentos e memórias. Discriminar é perceber a xícara e a mesa como dois objetos separados, independentes e ao mesmo tempo juntos.

Preconceito é ter conceitos formados anteriores ao encontro. Dar valores. Gosto mais da mesa. Prefiro a xícara. A xícara é feia, inferior. Ou a mesa é nojenta.
São valores que colocamos sobre o que é, assim como é.

A mesa tem sua função de mesa.
A xícara sua função de xícara.
Uma não é melhor que a outra.
Assim como a cerejeira não é mais importante ou mais bonita que o ipê. Cada um floresce à sua maneira e ambos são importantes para a nossa vida.

Não fazer o mal já é um problema.

O que pode ser prejudicial numa circunstância pode ser benéfico em outra.

Sempre queremos um guia.

Guia de autoajuda.

Podemos comprar todos os livros de autoajuda, ler todos os manuais.

Mas só você pode ajudar você.

Só você pode guiar seu olhar, sua percepção e desenvolver a sensibilidade necessária para ir além de seus valores e perceber qual a necessidade verdadeira da planta, do menino, da idosa, do gato, da cadelinha, do plástico e da cortina de seda pura.

Um lugar para cada coisa e cada coisa em seu lugar — o segundo marido de Dona Flor, de Jorge Amado, assim vivia.

Tudo muito certinho, no dia certo, da maneira certa.

Nem sempre isso é fazer o bem.

Dona Flor começa a reencontrar o primeiro marido, o morto fogoso, sem ordem, livre de métodos herméticos.

A pessoa boazinha, certinha pode ser muito prejudicial.

A flexibilidade, a capacidade de perceber o que é adequado a cada circunstância são qualidades do bem.

Quando jovem, um dia resolvi fazer uma boa ação.

Já ouviram essa sugestão? Faça uma boa ação por dia.

Saí empenhada a fazer o bem. O sinal luminoso ficou vermelho, bem quando eu ia atravessar a rua. Parei. Poucos segundos depois uma cadeirante se colocou ao meu lado.

Aha! Eis a oportunidade de auxiliar alguém, pensei tolamente.

Quando o sinal abriu, coloquei-me atrás de sua cadeira de rodas e tentei empurrar. A pessoa me olhou firme e disse:

"Por favor, não me ajude. Preciso ser independente."

Fiquei muito envergonhada. Eu queria, na verdade, ajudar a mim mesma. A boa ação era para eu me sentir boa, sem a menor sensibilidade do que seria adequado para aquela pessoa naquele momento.

Foi desse dia em diante que deixei de lado a intenção de fazer o bem, de ser boazinha, de ser politicamente correta, de receber reconhecimento — tanto meu como de outras pessoas — pelas minhas atitudes.

Foi uma libertação da ideia de fazer o bem, para ser capaz de realmente fazer o bem a todos os seres.

Se considerarmos em profundidade, somos mantidas vivas por tudo o que existe. Nesta trama de interdependência e coexistência, o bem é a energia vital que nos permite sobreviver.

Fazer o bem. Ou ser feita pelo bem?
Fazer bem feito, corretamente. Ou de qualquer jeito?
Fazer o que precisa ser feito, o que deve ser feito e o que nos eleva, dá prazer e alegria. Adequação.

A trindade dos três preceitos puros se completa com o fazer o bem a todos os seres.

Complicadíssimo, pois exige escolhas e cada escolha exige renúncia, e renunciar é difícil.

Ficamos olhando para o que não escolhemos e sofremos.

Fazer o bem a todos os seres é pensar grande, pensar Buda, pensar sábio, pensar desperto. Ir além.

Não é apenas fazer bem para si mesmo, para seus amigos próximos ou distantes, para as flores e os passarinhos, sem cuidar das ervas daninhas e das minhocas.

Tudo é vida.
Tudo é o sagrado manifesto.

Sabedoria

◆

"Não basta conquistar a Sabedoria.
É preciso usá-la."

>Cícero, orador e advogado romano,
século I antes da nossa era.

"O melhor ser entre os seres humanos é quem purificou os obscurecimentos da mente e alcançou a sabedoria."

>*Dhammapada: O nobre caminho do darma do Buda,*
Capítulo 20.

Obscurecimentos da mente podem ser purificados?

Um caso antigo, de um homem sábio.
Um monge escreveu o seguinte poema:

"O corpo é a moldura
A mente é o espelho

Constantemente tirando a poeira
Tudo se reflete, assim como é."

O conceito da prática incessante, da purificação.
Foi muito elogiado.

O homem sábio, um simples lenhador, iletrado, pediu que escrevessem ao lado:

"O corpo não é moldura
A mente não é espelho
Desde o princípio, nada existe
Onde a poeira se assentaria?"

Atenção!
O homem sábio não nega o que o monge escreveu.
Ele dá mais um passo dentro do absoluto, do tudo-nada.

O que é esse todo manifesto, onde inclusive a poeira não tem uma autoidentidade substancial fixa e permanente?

O que é o *corpomente* — essa identidade, inseparabilidade?

Qual é a poeira da qual precisamos nos libertar?
O que precisa ser purificado?

O que é puro e impuro?

Esses são os questionamentos que precisamos fazer.

Houve um monge, na China antiga, que pediu ao mestre do mosteiro permissão para lavar as latrinas.

Ora, limpar as latrinas era tarefa dada ao braço direito do Abade. Por quê? Talvez para não se tornar orgulhoso. Humildade. Limpar o que ninguém gosta de limpar.

O Abade perguntou a ele:
— Como você pode limpar o que nunca foi sujo? Se me responder, terá a tarefa.

Mais de um ano o monge batalhou com essa questão.
O Mestre várias vezes perguntou se ele havia encontrado a resposta, e nada. Certa vez, o Mestre disse a ele:

— Se você for capaz de subir ao topo do seu casebre, você estará livre. Só então poderá responder.

Mais e mais, o monge se esforçava para ter uma resposta de sabedoria. Finalmente, um dia, aproximou-se de seu mestre e disse:
— Tenho a resposta.
— Diga, então — falou o Mestre.
— Acessei o que não é sujo.

Ele iria continuar, mas o Mestre bateu nele. O monge ficou ensopado de suor e fez uma grande reverência. O Mestre o aprovou.

Se é originalmente imaculado, como pode ser limpo?

Nada de compreensões parciais.
Mestres conduzem discípulos a irem além do puro e do impuro — isto é ser naturalmente imaculado.

O monge no início pensava em panos, sabão, limpo e sujo.

Quando a dualidade é rompida, a sabedoria se manifesta.

E, pela primeira vez, você compreende que a sabedoria sempre esteve, está e estará se manifestando. Que até mesmo a dualidade é a totalidade manifesta.

Sabedoria é a mãe de todos os seres despertos, iluminados, sábios.

Você pode e deve despertar. É seu direito e dever de nascença.

Sabedoria não é algo apenas para seres especiais, predestinados, superdotados de inteligência racional, memória e alta escolaridade.

Sabedoria é ver a realidade assim como é.

Tomar decisões adequadas, acertadas, para o bem de todos os seres.

Sabedoria é ir além de si mesmo e incluir a si.

Não é esperteza de Pedro Malasartes.

É a ingenuidade de poder ser considerada tola e infantil, ao apanhar um passarinho e o recolocar no ninho. De tentar apagar o fogo nas matas e curar as queimaduras dos sobreviventes.

É a humildade de procurar o conhecimento e elucidar o mistério.

Sem aflições, medos, angústias, mas contendo as aflições medos e angústias como seus mestres e seus discípulos.

Cada situação, cada encontro são oportunidades de desenvolver a sabedoria. Compreender em profundidade e nitidamente para agir de forma a beneficiar o maior número de seres.

A sabedoria pode ser desenvolvida, sim.
De novo, repito, não é inata, nem nos pode ser dada.
É preciso procurar, praticar, treinar, desenvolver através de meditações, estudos, conversas, leituras, filmes, programas de TV, Facebook, lives, Instagram, Twitter. Redes sociais podem ser uma fonte de sabedoria, de reflexão, de provocações que facilitam o desenvolvimento do discernimento correto.

Reconhecer fake news por fake news. Reconhecer a verdade, inclusive, quando alguém mentir, perceber que é verdade que esta pessoa está mentindo. Por que mentiria? Quais causas e condições são responsáveis por essa manifestação? Ah! Os emaranhados da vida! Por isso a necessidade de um observar profundo, observar de sabedoria de longo alcance. Entender para resolver, para agir, para transformar de forma não violenta até mesmo a violência.

Essa violência que não é dos outros apenas. Violência que habita em todos nós. Criar harmonia em nós mesmos é criar harmonia nos relacionamentos pessoais e transpessoais.

Cada um de nós que se transforma em um átomo de paz, harmonia, respeito, inclusão através da sabedoria plena, transforma a realidade de todos os seres humanos e suas relações com a Mãe Terra, Pacha Mama, *vidamorte* incessante...

Quero ver fotos da natureza viva.
Chega de natureza morta.
Chega de incêndios, pandemias.
Chega de assaltos, acidentes, bombas, guerras, destruições.

Renascer das cinzas de nossas insuficiências, ganâncias, raivas e ignorâncias.

Recriar cidades e povos.
Recriar relacionamentos.
Restaurar a tessitura da vida, rompida tantas vezes e cerzida tantas outras.

Nunca desistir.
Tentar outra vez.

Tudo e todos, cada uma e todas as circunstâncias podem ser portais de sabedoria.

É preciso querer acessar.
É preciso questionar, duvidar, procurar, conversar, encontrar e de novo procurar.
Paciência e resiliência unidas no propósito de trilhar uma senda humilde, simples, complexa, levando em uma das mãos a espada que corta a falsidade, que abre os caminhos,

e na outra mão leva a verdade, a capacidade de restaurar a antiga senda da vida simples, pura e sagrada.

Recentemente, alguém me perguntou se eu havia encontrado deus em minhas práticas.

"Encontrei e tornei a perder", respondi.

"O encontro é a procura e a procura é o encontro", frase que li em algum lugar e nunca mais esqueci. Preciosa, disseram que seria de um bispo da Argentina. Recentemente, escreveram que esse bispo hoje é o papa Francisco. Será?

Tanto faz que a frase seja do papa atual ou de uma pessoa invisível socialmente.

É frase de sabedoria: encontrei, pois procurei e, ao encontrar, minha procura se reinicia. Sempre há mais a conhecer e também a esquecer.

Sem nada a se agarrar com pés e mãos — na liberdade do vazio de qualquer entidade fixa e permanente.

Esta é a sabedoria suprema: perceber a impermanência, a transitoriedade e a rede de causas, condições e efeitos — o transformar incessante.

Mas não apenas observando, somos o observar e o observado simultaneamente.

Exige esforço sem esforço — o "eu" simultaneamente "não eu".

Só quando escalar o teto do seu barco, só quando chegar na laje, só quando puder ver além das paredes que nos isolam e separam, tendo o céu como coberta e os pés bem plantados na terra — só então estará livre do bem e do mal.

Além, muito além do pensamento comum, inclui o pensamento comum, inclui o certo e o errado, sem ira.
Nada a subestimar ou a elevar, nem mesmo a igualar.
Apreciando a vida, enquanto vida.
Apreciando a morte, quando morte.

Cuidando cuidadosamente do cuidado — experimente um mundo sem inimigos, desafetos, dramas extras.

Ações, palavras e pensamentos capazes de transformar a realidade, a você e ao mundo — por incluir, querer bem e ser adequado.

Difícil? Tanto quanto andar, equilibrar-se nos dois pés.

Vamos tentar?
Garanto que é extremamente agradável descobrir a cada instante o instantâneo girar da roda do darma.

E você se percebe sendo a roda que gira, o darma que gira a roda, a roda que gira o mundo, o mundo que gira você e o giro que gira o girar...

Nada tem uma autoidentidade substancial, independente e separada — palavras do Sutra da Grande Sabedoria Completa.

Compaixão

◆

Certa feita, uma jovem senhora me procurou. Seu amigo era um grande empresário, mas lhe faltava espiritualidade.

Será que a monja poderia ajudá-lo a desenvolver seu lado espiritual?

Bem, eu poderia tentar.

Viria ele praticar em nossa humilde casa/templo?

Ela me deu o contato telefônico.

Ainda não tínhamos celulares.

Depois de passar pelas secretárias, recados, idas e vindas, finalmente nos falamos.

Queria que eu fosse dar aulas particulares para ele em seu apartamento.

Não achei muito boa a ideia. Tentei até mesmo ir. Coloquei meus cães akita no carro e fui à procura do endereço em um bairro distante e de alto padrão.

Não havia vaga na rua. Voltei e avisei que melhor seria em outro local.

Estava eu também preocupada. Uma monja solitária no apartamento de um homem solitário — na verdade, era contra as instruções de Buda. Decidimos, pois, que as aulas de meditação, budismo e espiritualidade fossem em seu escritório. Ufa! Bem melhor. Senti um alívio e creio que ele, inteligente, entendeu.

Sentamo-nos numa mesa de reuniões, e bebemos chá e água com gás.
Ele estava curioso.
Queria entender o que sua amiga tinha dito sobre espiritualidade, que lhe faltava.
Não a suficiência.

Iniciei com práticas meditativas e depois expliquei que o budismo tem dois alicerces: sabedoria e compaixão.
Sabedoria ele disse ter entendido. Mas, compaixão, o que seria isso? Paz e amor dos cabeludos hippies? Eis algo que ele não apreciava. Falou: "Sei fazer tudo com paixão. Trabalho, cavalos, boxe. Faço tudo com muita paixão. Entrego-me. É isso?"

Eu nunca ouvira tal explicação sobre compaixão. Fascinante.
Bem diferente da ideia de identificação com o outro, de cuidado amoroso, de inclusão.

Compaixão também significa meios hábeis, *upaya*. Encontrar meios de fazer com que todos despertem.

Que tarefa interessante me deram.

Eu precisaria me transformar nessa compaixão que ele não entendia, precisaria encontrar meios hábeis para que ele despertasse para a senda espiritual.

Foram alguns meses de silêncios, leituras, chá e água com gás.

Não fui suficiente.
Nossos encontros deram a ele um olhar breve sobre o darma, os ensinamentos.

Ele foi se cansando, desistindo, de mim, das aulas, do *zazen*, da compaixão.

Arranjou uma professora de yoga. Mais interessante, mais movimento e desafios físicos.

Um dia, quis colocar música para meditar. O zen não usa nem música nem mantras.
Trocou o zafu — almofada de meditação pelo banquinho de madeira do yoga.

Entendi a mensagem.
Queria o yoga.
Queria fazer do seu jeito.
Plena de compaixão me afastei.

Fui encontrá-lo anos depois. A mesma figura jovem e atlética, o mesmo sorriso gentil. Talvez fosse numa recepção de um casamento. Já não me lembro.

A professora de yoga, também a conheci no Presídio Feminino do Carandiru. Dava aulas de yoga e fazia eventos anuais com as detentas, as reeducandas.

Convidou-me.
Eram mulheres lindas de todas as partes do mundo.
Cantoras, dançarinas, atrizes — quase todas mulas — vítimas de companheiros que as fizeram transportar drogas. Claro que também havia pessoas envolvidas em outros crimes...

Dois mundos quase que completamente à parte.
O empresário de sucesso e as reeducandas do Carandiru.

E a compaixão, a espiritualidade, onde ficariam?
Que relação pode haver?

Reeducar.
Talvez muitas das mulheres presas fossem mais livres do que o empresário livre. Não sei.

Espiritualidade tem a ver com espírito.
Espírito tem a ver com inspirar e expirar.

Compaixão tem a ver com estar junto, sentir junto, identificar-se e querer bem.

Como fazer com que todos os seres acessem a iluminação exemplar e encontrem a grande tranquilidade?

Em um texto do século XIII, o mestre zen japonês, Eihei Dogen, escreveu que a compaixão deve ser tão rápida, simples, direta, como puxar o travesseiro durante o sono.

Que maravilha.

Compaixão não é apenas se dedicar a grandes projetos humanitários para beneficiar comunidades carentes, pessoas doentes, vulneráveis.

É o ato simples e direto da ação adequada para a situação que se apresenta.

É o sair de seu mundo individual e sentir as necessidades verdadeiras.

Ver os lamentos do mundo e atender os chamados.

Dos animais sendo queimados nos grandes incêndios, dos doentes sendo tratados, dos famintos serem alimentados, dos sem roupas serem vestidos, dos sem sapatos serem calçados, dos sem amor serem amados.

Acolher, reconhecer, sentir, identificar-se, cuidar.

Não é querer que as pessoas vivam como você acha que deve ser, mas como podem viver melhor.
Através de suas escolhas.

Mestre Dogen dizia que a verdadeira compaixão é demonstrar o caminho do despertar, o caminho da sabedoria.

Dar dinheiro, alimentos, casa, roupas, calçados, remédios, tratamentos é bom e certo. Porém, a maior de todas as compaixões é a de não medo, é o de perceber a carência de espiritualidade, de conforto interior, de discernimento correto e procurar estimular todos os seres para que procurem o caminho do despertar.

Um ser que desperta se torna livre das amarras mundanas. Liberta-se do sofrimento e do medo.
Vive com plenitude.
Cuida com respeito.
Compartilha e espalha o bem em todas as direções.

Usa meios hábeis, analogias.
Dá tempo para reflexões e crescimentos.

Fico hoje aqui pensando, sobre as mulheres detentas, suas danças, preces, silêncios. Teriam usado seu tempo para o despertar da consciência?

E o querido empresário, que me pagava tão bem por aquela horinha semanal de *zazen* e conversas do darma?

Como estará agora? Será que fez algum sentido o que fizemos juntos? Será que de tempos em tempos retorna ao sentar sem música, sem estímulos e consegue observar a si mesmo?

Será que percebe no dia a dia que compaixão vai além das doações às entidades filantrópicas?

Será que procura o despertar da mente sábia e compassiva e beneficia a todos os seres?

Vamos tomar chá?

Despertar para a mente suprema é dormir quando se tem sono, comer quando se tem fome e beber quando se tem sede.

Parece simples, mas muitas vezes não conseguimos fazê-lo. Estar presente no presente.

Sentir o aroma do chá, a textura da bebida na boca, o formato da xícara, o calor ou o frio, dependendo da época do ano.

Ou a água no copo plástico do Carandiru, gotas e lágrimas misturadas, engolidas, repelidas, forçadas e perdidas no amor de aceitar a punição e não delatar o amado.

Compaixão!

Sabedoria e Compaixão são inseparáveis.
Não é ser boazinha. É ser adequada.
Adequação depende de compreensão correta e discernimento.

Como vai você? Como está sua vida? Sua espiritualidade? Sua compaixão e sua sabedoria?

Será que são suas ou será que você a elas pertence?

Ou apenas puxe o travesseiro, se ele fugir durante o sono.

Sem intenção há mais pureza e alegria.

Sorria.

Não brigue, não reclame, não exija.
Reconheça, saiba se expressar de forma simples e correta, sem provocar ódios e rancores, mas sendo sabiamente compassiva.

Menos feminicídios, menos assassinatos, menos genocídios, crimes, roubos, abusos, contágios de doenças e de emoções pestilentas.

Se despertarmos, haverá menos criminalidade, porque grande parte da população estará mais consciente e mais compreensiva, evitando todas as espécies de crimes, abusos, feminicídios etc. Palavras amorosas transformam a realidade. A grande compaixão é capaz de transformar a violência em não violência — somos todos e todas vítimas de uma cultura de violência que se manifesta no pensar, no agir, no falar. Quando nos dermos conta dessa violência cultivada por séculos de abusos e nos transformarmos em seres mais amorosos e gentis, estaremos contribuindo para a transformação dessa cultura violenta em uma cultura de não violência ativa, evitando crimes, assassinatos, guerras, decapitações.

Sentir compaixão pelos vitimadores, estes também vítimas da sociedade, da educação ou falta desta, vítimas de inúmeras experiências violentas.

Incluir tudo e todos no grande e sagrado coração de Jesus, de Buda — que bate em você.

Vamos nos contagiar com a ternura, o afeto, a sabedoria de quem se reconhece e cuida do outro como se fosse de si mesmo?

É possível. Não é visceral. Essa atitude pode ser aprendida, treinada, estimulada e assim se torna real.

Faça o bem a todos os serres — mas, o que é o bem de todos os seres?

Reflita e aja.

A paz

◆

Byo jo shin kore do.
A mente sempre tranquila é o caminho.

Foi ao ouvir essa frase que um grande mestre Zen do século XIV teve o seu despertar.

"Hei" ou "byô" quer dizer paz, "jo" é constante, "shin" é mente, coração, espírito ou essência.

Mestre Keizan Jokin Daiosho tornou-se monge na infância — um dos raros casos da nossa ordem.
Diferentemente do budismo tibetano, no qual as crianças são entregues aos mosteiros para se tornarem monásticos desde a tenra idade, no Japão geralmente ninguém antes da adolescência era admitido como postulante. O caso dele foi exceção a essa regra.

Seus pais estavam vivos, então não foi por orfandade que fez os votos monásticos. Seus pais eram agricultores, ricos. Não foi por fome, pobreza.

Fora sua escolha pessoal. Ainda pequenino demonstrou grande determinação. Deveria ter 8 anos quando foi morar no Mosteiro Sede de Eihei-ji, que significa Templo da Eterna Paz.

O templo ficava distante das cidades, num vale, entre altas montanhas e o próprio mosteiro foi construído nas encostas de um monte, com grandes escadarias e edificações em níveis diferentes. O som do riacho, o cantar dos pássaros e o movimento das folhas ao vento eram e são a música desse local, na província de Fukui, Japão.

O fundador desse templo se chamava Eihei Dōgen.
Ei — Eterna, Hei — Paz, Dō — Caminho, Gen — Origem.

Ou seja, o eterno estado de paz, tranquilidade é a origem, a fonte da verdade, a origem do caminho.

Caminho também significa o despertar, o real, que só é obtido ao acessarmos o estado de paz, de tranquilidade, de harmonia, de completude.

Mestre Eihei Dōgen já havia passado a abadia para seu discípulo, o mestre Koun Ejō. Este, ao receber o menino Keizan, colocou-o próximo de seus aposentos, como para protegê-lo dos outros monges, todos mais velhos do que ele.

Entretanto, servir ao abade era tarefa exigente, limpar e faxinar corredores, terraços, banheiros, privadas. Servir refeições e, quando o mestre adoeceu, era ele quem levava seus remédios e foi quem o viu morrer.

O adolescente noviço se empenhou muito mais nos estudos, nas práticas e no trabalho braçal comunitário.

Foi se tornando sério e implacável. Não admitia que postulantes reclamassem do frio ou do calor, dos horários, do sono e da comida.

Mestre Keizan aspirava pelo despertar dos budas ancestrais. Era rígido e severo. Até o momento em que, durante uma palestra, teve a ruptura que tanto esperava.

Quando seu professor, terceiro abade do mosteiro sede de Eihei-ji, mestre Tetsu Gikai disse:

— *A mente sempre tranquila é o caminho.*

Keizan Sama respondeu:

— Entendi.

O mestre ainda perguntou o que ele havia entendido e Keizan Sama respondeu:

— Com sede, bebo. Com sono, durmo.

Ou seja, a mente comum, a mente tranquila, o coração em paz nas atividades cotidianas é o grande despertar.

Muitos de nós imaginamos que o despertar, a iluminação, o Nirvana, Satori, Kenshō — nomes dados a essa experiência — o *samādhi* ou *zanmai*, são estados como que alucinógenos, com visões especiais, cores, luzes, estados alterados de consciência. É o estado natural da consciência, da mente, do ser. O estado da simples presença pura, tranquila.

Sobre a paz — a ausência de guerras, de conflito —, é um conceito derivado do latim de *pacem* = *absentia belli*, ou seja, ausência de guerras, de violência.

É também do latim a palavra *pax*, um estado isento de ira, de desconfiança. Estado de equilíbrio sereno.

No zen-budismo, chamamos de Nirvana. A cessação das oscilações mentais — a quietude da mente sábia e compassiva. A capacidade de ver a realidade assim como é e encontrar meios hábeis para que todos encontrem a plenitude, o equilíbrio e a serenidade.

Tanto pessoais como coletivas.

As saudações "que a paz esteja em você" ou "esteja em paz", "vá em paz", "a paz de Deus", "a paz do Senhor" ou "na paz de Buda" são semelhantes ao *Shalom* judaico.

A paz aqui invocada está diretamente ligada à justiça social, à garantia da vida e da dignidade de todos e todas na sociedade.

A palavra *shalom* significa também completar, concluir um trabalho, uma tarefa, uma obra, um voto. É também restabelecer sua integridade, seu estado original. É apaziguar ao seu redor, recompor seus votos, restaurar a tessitura social quando esta é rompida.

Nesse sentido, lembra o ensinamento de Buda sobre paramita ou haramitara (*harmitsu*), que significa perfeição, completude, alcançar a outra margem — a margem da sabedoria, da tranquilidade.

A sabedoria nos leva a esse estado, bem como a doação — cuidar de quem necessita de cuidados; a persistência ou resiliência — o nunca desistir de seus propósitos; a paciência — capacidade de suportar situações adversas sem esmorecer ou brigar; a vida ética, seguindo preceitos morais estando em harmonia consigo mesmo e com os outros, com a comunidade, com o ecossistema.

Coroando os meios hábeis de completude da perfeição, dos paramitas, está a meditação.

Se no judaísmo pode ser usada a expressão "rezar-se", como me ensinou outro dia o Rabino Ruben, da CIP, no budismo poderíamos dizer "meditar-se".

O sagrado que não está fora de nós, mas que permeia tudo que é, cuja grandiosidade é tal que não cabe em um nome, num pensamento, num conceito. Rezo-me, medito-me.

A paz só é possível quando há direitos, deveres e justiça social, sem explorações econômicas, sem empobrecimento e sem manipulações sociais.

Os romanos ofereciam paz e segurança. Entretanto, a paz romana era baseada nas guerras, na submissão, no poder dos vitoriosos sobre os escravizados.

Surge o cristianismo e Paulo condena essa paz romana e numa carta escreve: "Estejamos acordados e sábios."

Parece ser o mesmo ensinamento de Buda: acordem, despertem, manifestem a sabedoria perfeita e a compaixão ilimitada.

Não ser enganado por ninguém, nem por si mesmo.
Não enganar, não manipular ninguém.
Observar em profundidade. Meditar-se.

Em outro momento, Paulo chama os discípulos de Jesus de filhos e filhas da luz.

No Budismo, procuramos a nitidez do discernimento correto, o esvaziar-se de si, o abrir mão de conceitos ideias, privilégios. Renunciar aos valores mundanos, a posições e papéis sociais.

Pelo contrário, participar do serviço solidário, restaurar vidas, reconciliar grupos, pessoas, países, cerzir as rupturas sociais, emocionais.

Tornar-se a paz.

Cada pessoa pode e deve se tornar um átomo de paz.

A palavra *Islã*, conforme me ensinou um xeique, também significa paz, segurança, sinceridade, submissão, entrega a Alá.
Islã é a paz advinda da entrega ao sagrado, resultado de uma vida justa e plena, perfeita, completa.

Paz entre nações, entre povos.
Paz entre seres humanos.

Paz e respeito à vida natural, silvestre.

Paz interior advinda do autoconhecimento que transcende o "eu", que entrega, confia, aceita, agradece e transforma.

Conhecimento puro. Presença pura.

A mente tranquila, a mente sempre em paz, o espírito sereno é o caminho do despertar. É a libertação suprema.

Respire conscientemente e acesse o Nirvana.

Terceira das quatro nobres verdades.

Nirvana — cessação das oscilações mentais. A palavra, literalmente, significa extinguir. Como o apagar de uma vela por um vento forte.

Sem apegos e sem aversões.

Despertemos.

Que a paz prevaleça na Terra!

Paciência

◆

Ainda ouço Taizan Maezumi Roshi, fundador do Zen Center of Los Angeles, repetindo para mim várias vezes:

Be patient! Be patient! (Seja paciente, seja paciente.)

Eu me considerava muito paciente. Por que ele estaria me dizendo isso?

Há tantos aspectos em nós que não notamos.
Quando alguém aponta, temos dez mil respostas e razões para discordar.

Se pudermos ponderar, considerar, talvez possamos entender a impressão que causamos, e essa impressão pode ser um estado mental que procuramos disfarçar.

Meu pai estava sempre em movimento.
Sentado, balançava uma das pernas, levantando e abaixando o calcanhar rapidamente.

Em pé, ele tinha um chaveiro de corrente fina e longa, com uma pequena chavinha dourada na ponta. Pois poderia conversar por bastante tempo conosco, girando essa pequenina chavinha em volta do seu dedo indicador da outra mão.

Minha mãe dizia que ele era nervoso.
Seria impaciente?

Como controlar a impaciência? Talvez balançando uma perna, talvez girando uma corrente, talvez piscando os olhos e tendo um cacoete.

Ou, quem sabe, como ensina o monge vietnamita Thich Nhat Hanh, a paciência é a capacidade de receber, aceitar e transformar o que chega até nós. Podem ser ofensas e injustiças. Podem ser elogios e premiações.

Em vez de ficarmos ofendidas, magoadas ou saltitando de alegria ansiosas, devemos procurar solucionar o mais rápido possível o que nos incomoda — podem ser sentimentos de tristeza, raiva, medo, como podem ser ansiedades, expectativas do que será, como acontecerá?

Durante a pandemia, muitos de nós perdemos a paciência algumas vezes. Um grito mais alto, uma expressão mais grosseira, um tapa em um cão ou numa criança. Impacientes com o que não podemos resolver, modificar, transformar.

Muitas pessoas se desesperam e me dizem que não estão vendo a luz no fim do túnel. Talvez não haja luz? Ou será que ainda nem chegaram ao meio do túnel? Quem saiba estejam bem próximos, mas talvez haja uma curva tão fechada que a luz não consegue atingir seus olhos?

Paciência tem a ver com saber aguardar e criar causas e condições para atingir seus objetivos e o estado de tranquilidade.

A pessoa impaciente está sempre adiante do que está acontecendo. Perde a experiência sagrada de apreciar o momento presente.

Até mesmo a impaciência é um dos aspectos da grande mente, do grande coração. Nada a jogar fora, mas a aceitar e transformar. Acolher e agradecer. Oportunidades de aprendizado sobre si mesma.

Quando identificamos o que está nos incomodando, podemos sentir a emoção, reconhecê-la, aceitá-la e transformá-la.

Essa parte final dependerá da nossa habilidade de compreender, de observar em profundidade, de aceitar, de entender e procurar meios hábeis de transformar.

Algumas das nossas decisões podem falhar, mas podemos tentar novamente.

Lembro-me sempre da minha primeira experiência com a raiva e o reconhecimento da emoção e a capacidade de transformá-la. Talvez por ter sido a primeira experiência desse tipo, ficou mais fortemente gravada em mim e a tenho repetido inúmeras vezes como exemplo para praticantes e grandes plateias — o que torna a sua memória vívida.

Estava no Banco do Brasil, em Los Angeles, onde trabalhava como secretaria de um dos gerentes. Precisava fazer cópia de vários pequenos pedaços de papéis — talvez fossem recibos, já nem lembro.

O que foi tão intenso, hoje é uma vaga memória.

A sala da copiadora estava vazia e fiquei uns dez minutos arranjando os papéis de forma harmoniosa para que a cópia ficasse perfeita. Era cedo, a maioria dos funcionários ainda não havia chegado. Estava tranquila.

Os papéis alinhados no vidro da copiadora, abaixei a tampa de borracha e quando ia apertar o botão da primeira cópia, a secretária do gerente geral entrou esbaforida na sala. O gerente geral e ela sempre chegavam bem cedo, bem como dois senhores cubanos que eram ligados a investimentos entre bancos e grandes empresas. Esse era o trabalho principal da nossa agência em Los Angeles — sempre com atraso em relação a Nova York.

Mal tive tempo de levantar os olhos quando ela se aproximou da copiadora e bruscamente levantou a tampa de borracha e meus papeizinhos todos se espalharam pelo chão. Certamente a cópia de emergência que ela precisava fazer, deveria ser muito mais importante do que a que eu estava preparando. Mesmo assim, senti a alteração na minha respiração enquanto recolhia os papéis.

Estava furiosa.

Não poderia brigar com ela, nem comigo.

Precisei usar todo o treinamento zen de respiração consciente para me acalmar. Acho que ela nem percebeu. Fez a cópia e se foi. Eu fiquei, lutando comigo, com a raiva. *Respira, respira devagar,* eu pensava e respirava. Lembrei-me de um ensinamento de Sua Santidade, o XIV Dalai Lama: "Quando as coisas não são como queríamos que fossem, eis a oportunidade de treinar a paciência."

Treinar a paciência. Ufa. Difícil. Fui recolhendo os papéis, agachada, de salto alto e me lembrei de um livro antigo, que lera havia anos, chamado *Sidarta,* de Hermann Hesse. No livro, havia uma etapa da vida de Sidarta, o personagem principal que levava o mesmo nome de Buda, quando príncipe na Índia, em que ele trabalhava como barqueiro às margens de um rio. Encontrando um antigo amigo, Sidarta declara:

> "Aprendi a rir de mim mesmo. Perceba que uma gota de água nunca passa duas vezes no mesmo lugar. O som do rio parece estar rindo — *chuá, chuá, chuá.*"

O texto não era exatamente esse, mas algo assim. Aprender a rir de nós mesmos e lembrar que tudo passa.

Esses pensamentos e o trabalho de respiração consciente fizeram com que eu pudesse rir de mim mesma. Eu me achava tranquila, paciente, equilibradíssima. Afinal, meditava todos os dias e havia pessoas que, ao me encontrar, perguntavam: "Você medita? Tem jeito de quem medita."

E, de repente, a grande meditadora, paciente, tranquila, havia ficado furiosa por um punhado de papéis.

Como era tola e pequena, brava por pedaços de papel, por cópias, por trabalho que poderia ser feito e refeito inúmeras vezes e, quem sabe, ficaria até melhor? Quem sabe a entrada estapafúrdia da secretária do gerente não teria impedido que eu cometesse um erro? Como saber? Fazer e refazer quantas vezes fosse necessário. Ainda não eram oito horas da manhã e eu trabalhava até as 16 horas.

Foi a primeira vez que percebi a raiva, o desconforto da emoção, a respiração alterada e pude aceitar, reconhecer e transformar. Treino de paciência.

Pode ter acontecido com você, com muitos de nós aconteceu no início do uso de computadores. Depois de horas de trabalho, esquecer de salvar por distração, por alguém chamar, por um telefonema. Desalentador. Sensação de ter perdido horas e horas de trabalho. Entretanto, se olhar em profundidade poderá usar a situação para refazer, corrigir possíveis erros, melhorar o que havia feito. Por que nos irritamos ao ter de repetir?

Irritação causa estresse, ansiedade, nervosismo e mais erros, mais faltas, desconforto físico e mental.

Se nesses momentos puder observar em profundidade e se dispor a refazer sem reclamar, pacientemente reabrir o programa e reiniciar.

Quem sabe agora não ficou melhor?

Às vezes, estamos concentradas em uma tarefa difícil, interessante, porém exigente de toda atenção, e entra alguém na sala para falar o que não interessa. Difícil não ficar brava, impaciente. Quando aprendemos que essa interrupção talvez seja necessária. Que podemos salvar o trabalho e dar dois instantes de atenção a quem chegou, pode ser a pausa necessária para seus olhos, sua mente, que poderá completar a tarefa melhor do que se não houvesse sido interrompida.

Nada a reclamar, resmungar.

As situações são como são.

Podemos até dizer a essa pessoa que, por favor, vamos conversar depois que agora estou muito envolvida no que estou fazendo e não posso dar a atenção que a pessoa merece

Percebe? Você gira a situação a seu favor, fala a verdade e não ofende ninguém.

Jovens, adolescentes, são maravilhosos mestres de paciência para seus pais.

Assim como os pais, irmãos, adultos são mestres de paciência para os jovens.

Gerações funcionando em tempos diferentes ao mesmo tempo.

Respira!

Treinar corpo e mente para compreender e acolher não significa apenas se submeter. Se nos lembrarmos da palavra

Islã, que significa se submeter a Alá, a Deus, é diferente. Cristãos dizem que "Deus escreve direito, por linhas tortas". Essa entrega, essa confiança, a submissão é aceitar o que é, como é e encontrar meios hábeis de transformar situações e relacionamentos. No Japão, dizemos: "Seja as mãos de Buda." Não apenas esteja protegida e abençoada pelas mãos sagradas, mas você precisa agir e se transformar nessas mãos que movem a vida. É preciso haver respeito, justiça e muita ternura. Sabedoria, compreensão unidas à compaixão, ternura, é o poder de transformar a si e ao outro, através de palavras, atitudes e pensamentos.

No momento em que você se transforma, que acolhe e aceita — sem raivas, rancores, brigas —, quando respira conscientemente, observa com calma, observa em profundidade, é capaz de encontrar meios hábeis de lidar com qualquer situação que se apresente e transformar o que poderia ser prejudicial em benéfico.

Paciência tem a ver com espera.

Plantamos algumas verduras no jardim.

Rego, olho e espero que cresçam.

Eu as observo, adubo, rego, protejo, mas não posso forçar a beterraba a crescer.

Não posso abrir as pétalas de um botão de flor, não posso forçar o casulo a abrir para ajudar a borboleta — ela precisa do esforço para sair do casulo e voar livremente.

Espero.

Crio causas e condições favoráveis. Aguardo.
Esse aguardar é sereno.

E, por haver esperado, quando a mágica da vida acontece, há júbilo, gratidão, alegria.

O mesmo ao esperar por uma pessoa ou pelo resultado de um exame — quer seja médico, quer seja teste de emprego ou da escola. Saber esperar, sem desesperar.
Uma arte a ser desenvolvida.

Há pessoas que falam muito, que descrevem todos os detalhes de uma cena e a conversa fica monótona. Temos a tendência de deixar de escutar.
Outras ficam impacientes, reclamam e se afastam.
Qual a melhor atitude?
Talvez a mais adequada fosse dizer:

"Estou aqui para você. Toda a minha atenção para ouvir você. Porém, tenho um compromisso e em dois minutos terei de ir. O que você quer me dizer?"

Sem brigar, sem ofender.
E, passados os dois minutos, retire-se carinhosamente.

Paciência é treino.
Não há jogos de baralho chamados jogos de paciência? Treinamento.
Você não deve roubar no jogo da paciência.
Será que as cartas se encaixarão ou ficará emperrado?

Se ficar emperrado, tenta-se outra vez.
Há jogos nos celulares.
Treinamento de paciência e de agilidade motora.

Paciência!
Paciência. Tem a ver com a ciência da paz.
Estar consciente, presente e em auto-observação — essenciais para não sair brigando com outras pessoas. Não cometer crimes, desastres, acidentes graves ou pequenos.

Só conseguimos acessar esse estado de tranquilidade quando nosso coração/mente se torna grande, expandido, capaz de acolher tudo e todos, todas as circunstâncias. Sabemos que nada é fixo ou permanente e tudo está em movimento. Podemos e devemos desenvolver a compreensão e a compaixão por todos os seres.

Assim como o oceano que recebe todas as grandes tormentas, todas as chuvas e as águas de todos os rios, e nunca transborda.

Assim devemos ser.

A terra também recebe água, flores, cinzas, restos humanos e os transforma em terra.

O fogo queima igualmente, aceita lenha, corpos de animais, árvores, casas, carros, seres humanos, sem escolher. Transforma em cinzas.

O ar penetra todos os locais e carrega consigo todos os odores, sem perder sua característica.

Nós podemos ser como o céu, que permite as mais variadas nuvens, aviões, pássaros e drones, sem se impacientar.

Nós podemos nos tornar mais amorosos e gentis, plenos de sabedoria transformadora ao praticar a paciência.

Quer tentar?

Entrego a você, aqui e agora, a chave de ouro: respiração consciente.

Pode ser praticada em qualquer lugar e em qualquer circunstância.

Não faça alarde. Não permita que percebam. Não é uma demonstração nem uma provocação.

É a sua vida.

Esforço correto

• ◆ •

Esforço correto é chamado *virya* ou *viriya*, de onde surge a palavra viril e dela, a virtude. É uma das seis perfeições ou completudes. É o que facilita a completude e a perfeição, o que nos leva da margem da ignorância à margem da sabedoria.

São seis perfeições ou seis paramitas:

Dana paramita — Doação, generosidade
Sila paramita — Vida ética, preceitos
Ksanti paramita — Paciência
Virya paramita — Esforço, energia, perseverança
Dhyana paramita — Meditação, zen
Prajna paramita — Sabedoria, compreensão.

Assim, *virya paramita* é o esforço correto, a energia adequada, a perseverança ou prática incessante.

Buda mencionou quatro tipos de esforços corretos:

1. Erradicar todo o mal que tenha surgido
2. Prevenir o surgimento do mal
3. Causar o surgimento do bem
4. Melhorar e aumentar o bem que tenha surgido

Tudo que afasta da verdade, que divide, que nos separa do caminho é considerado mal.

Tudo que leva ao ideal, à verdade e ao caminho é o bem.

Existem em nós todas as possibilidades.

Há em nós uma grande memória, uma consciência imensa onde tudo foi registrado, é registrado e será registrado. Nela temos raiva, ilusão, medo, inveja, rancor, ciúmes. Temos também compreensão, compaixão, alegria, compartilhamento, coragem, amor incondicional.

Através das práticas de autoconhecimento, podemos reconhecer o que surge em nós e, através do esforço correto, transformar ou desenvolver.

Se por acaso surgem raiva, ciúmes, inveja, preconceito — ao observar seu surgimento, precisaremos nos esforçar para que não se desenvolva, não cresça.

Se permitirmos seu desenvolvimento, haverá sofrimento para nós e para pessoas próximas a nós.

Muitas vezes afeta pessoas distantes, grupos, países.

Por isso, o primeiro esforço é de impedir que esses sentimentos e emoções prejudiciais se desenvolvam.

Podemos também perceber esses aspectos prejudiciais em pessoas próximas de nós, pessoas às quais temos acesso e condição de conversar e dialogar.

Devemos cuidar para não desenvolver tais sentimentos. Há pessoas que têm o hábito de reclamar da vida e do mundo, de falar mal de outras pessoas. Não podemos estimular tais conversas. Pelo contrário, teremos de evitar que surjam.

Alguns pensamentos são desastrosos, e podem levar à depressão ou mesmo ao suicídio. Outros podem levar a guerras, genocídios, conflitos armados, abusos morais e/ou sexuais, abusos de poder, feminicídios, e assim por diante.

Qualquer tendência mínima que seja de tais pensamentos e atitudes, de tais sentimentos e emoções, devem logo ser evitados e desestimulados, pois, se crescerem, podem ferir muitos seres.

Por outro lado, através das práticas meditativas e de atenção podemos reconhecer quando surgem boas ideias, pensamentos, intenções, sentimentos. Esses devemos estimular, fortificar. Quanto mais seguros estivermos no caminho de atingir ideais benéficos, mais felizes seremos e nos relacionaremos melhor com todos.

Da mesma forma, devemos estimular nas pessoas queridas, pessoas próximas e distantes, e mesmo nas pessoas com quem temos pouca afinidade, devemos estimular pensamentos de bondade, inclusão, sabedoria e compaixão.

Por isso é importante sentar em meditação e conhecer em profundidade a nós mesmos. Carregamos em nosso íntimo todas as possibilidades, do ser mais autoritário e ditador malvado, ao ser mais benéfico e compassivo.

O esforço correto consiste em estimular sempre o que leva à inclusão, ternura, compreensão, sabedoria, compaixão — tanto em nós como no mundo.

Isso inclui todas as formas de vida.

O esforço correto também é desestimular o que é perverso, egoísta, mau, que abusa da vida em suas múltiplas formas, que maltrata, destrói, fere, separa, divide — tanto em nós mesmos como em todas as circunstâncias. É urgente e necessário que nos manifestemos para impedir que o mal se manifeste e cresça.

Mas não é com violência, raiva, rancor que o mal desaparece. Esses sentimentos são alimentos para o mal.

O que impede o mal é o bem, é o amor, a compreensão, o observar profundo e de longo alcance, a sabedoria plena de compaixão

Se queremos ir para o norte, não devemos dirigir nosso veículo para o sul. Assim ensinou Buda.

Para onde queremos ir? Como queremos que seja o amanhã? Para construir uma cultura de paz e justiça, temos de nos tornar a paz e a justiça.

Construir ou cultivar a paz.

Regar essas sementes do bem, do justo, do adequado, do correto nos levará a uma vida plena e tranquila.

O esforço correto está diretamente ligado às três Regras de Ouro:

Não fazer o mal.
Fazer o bem.
Fazer o bem a todos os seres.

Aqui está incluso a diminuição do mal que tenha surgido.

Inúmeros pensamentos e posições podem ser por esses princípios analisados.

Inclusive a questão do aborto em uma criança estuprada. O mal já foi feito, como diminuir e impedir que esse mal continue se manifestando?

Prende-se o estuprador e liberta uma criança do sofrimento e da possível morte decorrente de uma gestação e de um parto nessas circunstâncias.

É preciso ter sabedoria para não fazer o mal pensando que está fazendo o bem.

O discernimento correto deve ser aplicado em cada circunstância e situação.

Quem apenas segue mandamentos sem analisar o que é adequado, neste caso, poderá estar quebrando o próprio mandamento.

As regras, os preceitos, os mandamentos são guias para que possamos tomar decisões adequadas de forma a impedir que o mal já existente cesse, que novos males surjam.

Esforçarmo-nos para que o bem já existente cresça e que a bondade que ainda não surgiu venha a se manifestar causando harmonia, alegria, bem-estar, vida em plenitude ao maior número de seres.

Esse é o sentido do esforço correto.

Arrependimento

◆

Todo carma prejudicial alguma vez cometido por mim
Desde tempos imemoriáveis
Devido a minha ganância, raiva e ignorância sem limites
Nascido de meu corpo, boca e mente
Agora, de tudo, eu me arrependo.

O "Poema do arrependimento", nos mosteiros, é recitado de 15 em 15 dias — na lua cheia e na lua nova.

São momentos de reflexão sobre nossas escolhas, pensamentos, falas, atitudes.

Desde a época de Buda, na Índia antiga, ele recomendava aos grupos de praticantes compostos por monges e monjas, leigos e leigas, que se reunissem nas duas luas e, através do arrependimento, pudessem se transformar.

Todos se reuniam no mesmo local.

Quem houvesse cometido uma falta deveria se apresentar publicamente e confessar seus desvios.

Conforme a gravidade poderia até mesmo ser afastado da comunidade.

Se a pessoa que cometesse uma falta não confessasse publicamente e houvesse alguém que soubesse do erro — essa testemunha teria que se manifestar, caso contrário seria considerada tão faltosa quanto a outra pessoa. Entretanto, havia uma admoestação: quem cometesse uma falta grave não seria capaz nem mesmo de se aproximar de uma Cerimônia de Arrependimento. Seria acometida de uma dor de cabeça tão forte, como se esta explodisse.

A confissão pública, o arrependimento e o compromisso de mudar poderiam transformar o resultado do carma prejudicial cometido.

O carma seria como um bumerangue — da maneira que é atirado no mundo retorna a quem o atirou. Pode demorar, pode ser instantâneo. Mas volta. O arrependimento minimiza a intensidade do retorno.

Não há apagador para o que foi feito, dito, pensado. Uma vez manifesto, terá suas consequências.

Há dois tipos de faltas: as mais leves e as mais graves.
Faltas graves são como uma agulha que perdesse o fundo, não havendo como colocar a linha e perdendo suas funções de agulha. Faltas menores seriam como manchar um tecido ou um copo, temporariamente, mas ser capaz de remover a mancha.

O que não pode ser modificado, o que fica quebrado sem possibilidade de recuperação é grave.

O que pode ser modificado, o que apenas deixou uma nódoa, ou a agulha que ficou torta, sem se quebrar, ainda pode ser utilizado e transformado.

Nunca voltará a ser como antes.
Não há retorno a um estado anterior.
Há o aprendizado ao corrigir a falta, ao perceber as causas e condições que levaram ao erro e o comprometimento: o esforço correto para extinguir as raízes do que é prejudicial e alimentar as origens do que é benéfico a si e a todos os seres.

Atualmente, as cerimônias de arrependimento não exigem que as faltas sejam proclamadas publicamente.

Podem ser confidenciadas a uma pessoa capaz de orientar o caminho da purificação e transformação. Ou pode ser feito em frente a imagens, simbolizando mestres e mestras. Nesse caso, precisaria sentir um sinal auspicioso para que o arrependimento fosse acolhido. Sinais auspiciosos são eventos simples: um raio de lua, um som, uma fragrância inesperada, uma sensação agradável, por exemplo.

Os sinais auspiciosos também devem aparecer se a pessoa quer se comprometer com os preceitos de Buda e não houver uma mestra ou um mestre de preceitos para os transmitir.

Atualmente, mantemos o rito de repetir o poema do arrependimento três vezes. Depois, devemos renovar nossos votos e nossos comprometimentos de manter as três Regras de Ouro, os dez graves preceitos e os 48 preceitos menores. São chamados Preceitos de Bodhisattvas, regras para uma vida desperta. Esses preceitos são tanto para leigos quanto para monásticos. Mais tarde, conforme as situações que foram surgindo na vida comunitária, Buda definiu mais de duzentos preceitos para monges e trezentos para monjas.

Teriam sido, realmente, as regras de Buda? Teriam sido compilados, mais tarde, por seus discípulos homens?

Há muito ainda a ser descoberto. Numa sociedade onde a posição das mulheres, depois das invasões arianas foi muito limitada, elas deixaram de ter participação ativa nos templos e em toda vida social.

Lembrando que na antiguidade (e também atualmente), invasões, guerras, terrorismo, incluem estupros e abusos sexuais por parte dos invasores — geralmente homens. Ora, as mulheres passavam a ser esposas ou amantes dos invasores, forçadas ou não, e seus filhos seriam por elas amados e cuidados. Logo, elas passavam a ser consideradas inimigas de seu próprio povo e de seus costumes. Por isso, foram afastadas das antigas funções religiosas e sociais. As mulheres tinham significado social de acordo com os homens que as acompanhassem — avôs, pais, maridos, filhos, tios, primos ou irmãos. Devido a muitas guerras internas, houve momentos em que mulheres ficaram sem qualquer apoio de um parente próximo do sexo masculino. Essas mulheres foram excluídas socialmente e mal conseguiam sobreviver, quanto mais cuidar da sobrevivência de suas filhas. Há relatos históricos de assassinatos de meninas ao nascer.

Numa sociedade como essa, na qual a mulher inclusive era considerada impura e só poderia ser tocada com a mão esquerda — mão de se limpar após evacuar —, foi retirado das mulheres qualquer tipo de educação formal. Pouquíssimas sabiam ler e escrever. Pertenciam, dependiam e deviam se subordinar totalmente às decisões dos homens que as protegiam.

Os textos sagrados contendo os ensinamentos e as regras de convivência foram escritos anos após a morte de Buda, baseados no que ouviram do mestre. Foram escritos por monges, homens. Alguns temerosos de suas próprias fraquezas, colocavam a responsabilidade de seus desejos e aflições nas mulheres. Logo, monjas precisariam ter regras mais detalhadas e severas, além de se comprometerem à submissão aos monges — mesmo os recém-ordenados.

Não faz muito tempo que essa situação se transformou. Hoje, em alguns países e grupos budistas, há equidade entre homens e mulheres, monges e monjas — embora ainda exista um ranço das relações do passado.

Durante as cerimônias de arrependimento, também são renovados nossos votos, reativados nossos compromissos de uma vida moral, ética, bondosa, sábia e compassiva.

Arrependimento significa metanoia, transformação.

Não é o mesmo que pedir perdão ou perdoar.

Inclui o perdão, mas precisa ir além. Precisa ser o voto de reconhecer as insuficiências, falhas e faltas. Talvez se aproxime do *mea culpa* cristão.

"Minha culpa, minha culpa, minha máxima culpa."

Pois gostamos de culpar outrem, sempre a culpa é de alguém que me provocou, de uma situação pública ou particular. Sair desse lugar, admitir nossa responsabilidade sobre nossas reações e se comprometer à prática capaz de alterar, minimizar e mesmo terminar o sofrimento.

Libertação.

A redenção, a libertação, é através do comprometimento de se transformar através do esforço correto, da plena atenção, da auto-observação, do reconhecimento dos hábitos prejudiciais, mantendo a mente alerta para não permitir qualquer sintoma de formas de ser que possam levar cometer os mesmos erros e/ou outras faltas novas.

O início do poema de arrependimento é sobre o carma prejudicial. Carma significa ação repetitiva com tendência a repetição. É como um sulco numa encosta, onde a chuva sempre escorre e este sulco se torna cada vez mais fundo e largo. Pode até virar uma queda d'agua ou uma cachoeira — se você deixar. Então, será muito difícil cessar.

Há vários tipos de carma: benéfico, neutro e prejudicial.

Se for carma benéfico, queremos sim que se torne uma cachoeira forte, doce, suave, incessante. Já o carma neutro não precisa ser descontinuado, interrompido.

Apenas precisamos cuidar para que não se desvie e se torne prejudicial.

Os efeitos do carma podem ser imediatos, a médio e a longo prazo, mas são inevitáveis.

Pela lei da causalidade, tudo que produzimos, havendo condições propícias, terá seus efeitos.

O arrependimento minimiza a força do retorno, mas não pode impedir que ele surja.

Não há apagador, cancelamento. Não é possível voltar atrás e modificar o que aconteceu, como nos filmes de ficção científica: voltar ao passado, modificá-lo e com isso alterar o presente e o futuro. Observe que esses filmes, como *De volta para o futuro*, são baseados nos princípios da causalidade e da trama de relações que fazem este momento ser como é.

Carma prejudicial é toda ação, palavra e pensamento que cause dor e sofrimento, divergências, ódios, rancores, vinganças, ciúmes, medo, afastamento da verdade e estimule o crescimento de relações abusivas, desrespeitosas, viciosas e viciantes.

Carma benéfico é seu oposto: o que causa alegrias, ternuras, inclusões sociais, saúde física, mental e social, o não medo, o amor incondicional, a manifestação da verdade, do caminho e de uma vida tranquila, pacífica e terna.

O poema insiste que o carma prejudicial não se refere apenas ao que lembramos, não é confissão de atitudes recentes. Podemos herdar atitudes e comportamentos, podemos nos manifestar de acordo com fatores genéticos. Mas também criamos maneiras de ser baseados em experiências pessoais ou repetindo comportamentos históricos, construídos e mantidos desde tempos imemoriáveis, ou seja, anteriores às nossas próprias memórias.

Afinal, estávamos lá.

Estávamos há milhões de anos nos DNAs de nossos ancestrais. O mesmo DNA que agora faz você ser você. Houve necessidade de luta pela sobrevivência nas selvas e nas cavernas, sobrevivemos a catástrofes naturais, guerras, pestes. Aqui estamos sobrevivendo até mesmo aos nossos instintos de destruição e morte.

No "Poema do arrependimento" é mencionado que este carma prejudicial é fruto de três venenos: ganância, raiva e ignorância.

Conhecemos a ganância — o querer mais e mais, fazer qualquer coisa para obter mais e mais. Seu antídoto é a doação, o compartilhar.

A raiva também é uma velha companheira. Respiração ofegante, aumento das pulsações cardíacas, rosto avermelhado, olhos avermelhados, pensamentos de ira, vingança, rancor. Seu oposto é a compaixão: compreender e acolher até mesmo aqueles que nos querem ou nos fazem mal. Entretanto, não é pacifismo. É usar de meios hábeis para impedir que o mal se manifeste, tanto em você como em outras pessoas. Compaixão é sentir, é entender o que faz uma situação provocar a indignação e usar essa indignação como alavanca para a transformação.

O terceiro veneno, talvez o mais sutil e mais perigoso, é a ignorância. Seu oposto é a sabedoria, a compreensão correta, os selos do darma, as marcas da Lei Verdadeira:

Nada é fixo, nada é permanente.
Tudo está interligado pela lei da causalidade ou origem dependente.
Há um estado de paz e tranquilidade, fruto da sabedoria e da prática incessante.

O carma prejudicial se manifesta através do corpo: gestos, atitudes, maneiras de se movimentar, de caminhar, que podem levar a ações violentas, inadequadas e destrutivas da vida e do bem.

Quando o carma se manifesta pela boca, quer dizer, pela fala e pela maneira de falar, pode gerar e manifestar preconceitos, abusos morais, insultos, provocações, intrigas, divisões, tristezas e até mesmo a morte.

A mente envenenada gera pensamentos perversos.
Pensamentos têm poder, pois geram palavras e ações, tornam-se realidade. Pensamentos são transmissíveis.
Podemos escolher pensamentos de inclusão, de compreensão e transformação.

E a frase final do poema:
Agora, de tudo, eu me arrependo.

É importante verbalizar esse arrependimento. Mas ele só tem valor quando é verdadeiro, quando vem do nosso mais íntimo, quando nos tornamos humildes e sem expectativas.

Eu, que me deixei envenenar, que descuidei, que me permiti palavras, atitudes, pensamentos errôneos, assumo responsabilidade pelos meus atos, palavras e processos mentais. Arrependo-me de haver falhado, arrependo-me dos descuidos que causaram tanta dor.

A barragem rachada que não consertei quando devia.
A vontade de sair, abraçar, dançar sem máscaras e sem distanciamento social.
Nossas falhas e faltas que podem causar grandes danos e perdas, muitas dores, muitas divisões, separação de grupos, de amigos, de projetos, até a doença e a morte.

Arrepender-se tem a ver com observar em profundidade todas as possíveis causas e condições e perceber nossa corresponsabilidade.

Assim, modificando nossa maneira de ser, agir, falar e pensar, influenciaremos mudanças em todas as direções.

O arrependimento nos leva a grande pureza.
Essa é a força do arrependimento.

Equidade

A mente da equidade é a mente sábia e desperta.

A mente que percebe as diferenças atende necessidades específicas, mas sabe que todas as vidas têm o mesmo valor.

Todas as vidas importam.

Importar, colocar para dentro, significar.

Toda e qualquer forma de vida.

Durante a pandemia, precisei fazer uma cirurgia de emergência — apendicite aguda. Fui ao pronto-socorro de um hospital próximo. Atendida, me colocaram no soro enquanto aguardava o resultado dos exames de sangue. Depois, fiz uma tomografia com contraste. O diagnóstico fechado, cirurgia.

O hospital era particular. Não tenho convênio médico por princípio. Minha experiência com convênios foi péssima já há mais de quinze ou vinte anos me recuso a participar dessa farsa de saúde.

Prefiro e confio no SUS.

O hospital particular, ao lado de um hospital público, solicitou um depósito caução de trinta mil reais para que eu pudesse ser internada e preparada para a cirurgia no dia seguinte. Eu já estava no hospital havia dez horas. Havia uma jovem que também estivera no soro comigo, que também fez tomografia e também estava sendo internada. Ela tinha plano de saúde.

Eu não uso cheques, e meu cartão de crédito não tem um limite disponível de trinta mil reais.

Então, fui ao PS do SUS.

Pandemia.

Levaram-me em uma cadeira de rodas.

Muitas pessoas esperando, macas pelos corredores, médico jovem de olhos aflitos, máscara com o elástico colocado torto, apressado.

Não havia lugar para sentar.

De pé num corredor de trás, longe dos outros pacientes, fiquei uma meia hora. Passavam enfermeiras ou assistentes de enfermagem sem máscaras, falando nos celulares, atendendo pacientes nas macas. Muita gente. Em uma sala, havia uma cadeira vazia, metade do estofado saindo.

O jovem médico cansado, aflito, veio me examinar.

Havia dois outros casos mais urgentes que o meu à frente para cirurgia também de apendicite. Teria que esperar, e precisaria fazer todos os exames de sangue novamente.

Perguntei a ele sobre o perigo de contágio.

Ele me olhou, com olhos tristes: "Estamos em um hospital."
Desisti do SUS.

Voltei à ala paga. Consegui um acordo com a secretária, coloquei o que podia em meu cartão de crédito, de manhã alguém viria me ajudar a transferir um determinado valor — menor que o previamente solicitado. Era madrugada. Eu havia chegado no hospital antes das 16 horas e eram três da manhã quando me deitei em um leito hospitalar.

Após a cirurgia — hoje só três furinhos na barriga; um para a câmera e dois outros para pinças e bisturis —, uma das cirurgiãs me disse: já estava necrosando.

Necrosando, apodrecendo. Se demorasse alguns dias para a cirurgia, talvez houvesse rompido o apêndice e teríamos infeção abdominal. Assustador.

Mas tudo isso para dizer que o SUS trabalha com equidade. Essa é a mente de sabedoria.

Quem é emergencial deve ser atendido primeiro.

Cada paciente deve ser examinado e cabe aos médicos decidir quem irão atender.

Não importa se é uma religiosa ou um morador de rua.

Equidade é ver todos os seres na sua individualidade, sim, mas tendo o mesmo valor como vida.

Durante a pandemia, com a morte de George Floyd, muitos saíram às ruas no mundo com os dizeres "Vidas negras importam". Sim. Todas as vidas importam. As árvores queimadas nas florestas, dos insetos, dos brancos, dos indígenas, dos peixes em águas contaminadas, das crianças violentadas e de todos que são abusados e desrespeitados.

Uma morte violenta, assistida publicamente como a de Floyd fez com que todos se comovessem com a questão do preconceito racial, ainda muito forte nos Estados Unidos e em outros países.

Isso precisa terminar.

A comoção pela vida deve ser estendida — todas as vidas importam e todos os grupos que são discriminados e segregados devem ser incluídos e respeitados.

Quanto tempo levará para o despertar da humanidade?

Numa reunião de ministério, o Ministro da Educação soltou a seguinte frase:

"Só há um povo no Brasil, o povo brasileiro. Odeio essa história de povos indígenas. Um só povo."

Sim, um só povo, mas com características e necessidades completamente diferentes.

Povos indígenas mantêm hábitos e costumes diferentes das pessoas não indígenas

Não somos iguais.

Cada ser humano é único, com características muito específicas e necessidades particulares.

Somos todos da mesma família humana. Uma família biológica: nós podemos nos acasalar com pessoas de qualquer parte do planeta e nossos bebês podem ter bebês.

Há diferenças na cor da pele, formato de olhos, nariz, boca, comprimento de pernas e braços, intestinos. Não somos iguais, mas somos semelhantes.

O povo brasileiro não é uma massa uniforme.
Vieram para cá pessoas de todas as partes do planeta com suas características específicas — tanto físicas como culturais.

Não podemos exigir de povos indígenas, judeus, muçulmanos ou praticantes de religiões de matrizes africanas que se adequem a um "ideal" cristão ocidental.

Respeitamos as diferenças, reconhecemos as diferenças e as necessidades especiais de cada grupo.

Essa é a mente da equidade.
Além dos julgamentos de superior, igual ou inferior, respeitamos as opções religiosas, os hábitos culturais e cuidados de cada um de acordo com suas necessidades específicas.

A pandemia vem nos ensinando muitas coisas. Entre elas, a singularidade de cada criatura. Alguns, contaminados, não apresentam nenhum sintoma. Outros ficam muito mal e alguns morrem.

Os remédios também variam para as diferentes cepas do Covid-19. Ainda estão em estudos quais doses de que remédios em que etapas da doença e em cada caso utilizá-las. Vacinas estão sendo testadas. Somos todos cobaias. O vírus se modificaria e se fortificaria também?

Venenos de rato e de barata precisam sempre ser renovados para fazer efeito.

Por que não pensam em meios de evitar a transmissão de doenças de ratos e baratas?

Veneno envenena o mundo, a terra, gatos, cães, passarinhos e humanos.

Antibióticos também são específicos e as doses devem ser consideradas conforme cada um dos pacientes. Se usar sem receituário, quando realmente precisar não fará efeito. O corpo se acostuma.

Sabedoria é compreensão simples, é entendimento correto que leva a ações adequadas.

A mente da equidade é considerada a mente superior. A mente de quem despertou para a verdade.

A mente que não manipula nem é manipulada por ninguém.

A mente elucidada, que percebe as diferenças e as necessidades específicas, sem se esquecer de que todos nós pertencemos a uma só família: a humana.

Todas as vidas importam, mas há momentos que precisamos nos levantar contra abusos a negros, mulheres, indígenas, crianças, adolescentes, idosos... Conforme um grupo esteja sendo excluído, discriminado, ferido, assassinado, é preciso que todos se manifestem. Não através da violência, do ódio, do rancor, mas através de manifestações de solidariedade, de ternura e respeito.

Pelos pobres de espírito.
Pelos pobres e excluídos.
Pelos desrespeitados e temidos.
Pelos amados e queridos.
Pelos negros, pelos brancos.
Pelos da periferia e das elites.
Por todos os seres, nossa compaixão ilimitada.

Que todos despertem. Que todos encontrem a fartura da sabedoria e compartilhem o bem.

Doação

◆

Abra as mãos e elas ficarão repletas de toda vida do céu e da terra.

Passei oito extraordinários meses de minha vida em um mosteiro chamado Hosshin-ji, na cidade de Obama, na província de Fukui, no Japão.

O mosteiro ficava numa área rural.

Havia uma ponte, dessas pontezinhas japonesas com uma parte mais elevada no centro. Maleável, arredondada. Por baixo, um sereno riacho.

Fiquei em aposentos especiais e separados dos muitos monges que ali praticavam. O abade, Harada Sekken Roshi, era forte e sereno. Acostumado a lidar com homens que vinham de todas as partes do planeta a praticar o zen.

Alguns se tornaram monges.

Havia pouquíssimas monjas, que habitavam outros aposentos individuais.

A ex-esposa do abade mantinha um templo nas proximidades e sonhava torná-lo um mosteiro feminino, o que não aconteceu.

Havia só outras duas monjas japonesas que habitavam comigo nesse mosteiro masculino.

Havia muitos estrangeiros, europeus e norte-americanos praticando com monges e leigos japoneses.

As práticas de *zazen* eram severas, austeras e fortes.

Durante o retiro de dezembro — do dia 1ª ao 8 — antigos praticantes se juntavam a nós. A sala de *zazen* — *Sodo*, como é chamada a sala dos monges — ficava lotada e a força das práticas meditativas podia ser sentida no ar.

Muitos já eram abades de outros templos, mas faziam questão de ir celebrar o retiro anual com o mestre e seus novos discípulos.

O mosteiro era antigo e tradicional. As privadas eram comuns — para homens e mulheres sem distinção, como em muitas partes do Japão antigo — e eram fossas que de tempos em tempos nós mesmas tínhamos que limpar. Aliás, essa foi uma experiência única em minha vida. Havia uma grande concha, de cabo longo. Abria-se uma janelinha que dava para a fossa pelo lado de fora da casinha. Retirávamos os detritos em um balde e o levávamos para um lugar reservado onde era transformado em adubo.

A cor era um marrom claro, mistura de fezes e urina, com seu odor peculiar.

Na dia da limpeza das fossas, a refeição era sempre curry com arroz. O curry tem a mesma cor das fezes com urina e era feito de cenouras e batatas — o que dá uma consistência parecida com a dos detritos das fossas. Nessa ocasião, todos na mesa disfarçavam e olhavam para quem houvesse feito a tarefa.

Realmente, precisei de certo esforço para dar a primeira colherada.

Doar-se: cumprir com alegria e sem aversão qualquer tarefa necessária.

Lá também pedíamos esmolas nos sítios da redondeza durante o outono. Saíamos em grupos, em fila indiana e levávamos um bentô — uma refeição numa caixinha amarrada na cintura. Na hora do almoço, nos sentávamos do lado de fora da varanda de alguma casa e comíamos nosso almoço. Geralmente as pessoas da casa nos ofereciam chá e, algumas vezes, doces.

Depois, retomávamos nossa caminhada mendicante, tocando um sininho, entoando "Hooo", que quer dizer darma, lei verdadeira ou ensinamento. Todos nós nos vestíamos de forma tradicional de monge viajante, os hábitos levantados, sandálias de palha de arroz e grandes chapéus de palha cobrindo o rosto. As doações não eram para aquele ou aquela monja. Eram doações para manter vivos os ensinamentos, as preces, para o mosteiro, para todos. Nas plantações de arroz, nos davam arroz; em ouras áreas, nos davam vegetais e frutas. Outros davam moedas, dinheiro nas ruas das cidades próximas.

Doar, segundo os dicionários, é o ato de dar um bem próprio a outra pessoa ou instituição.

É o oposto da ganância. Durante a pandemia, muitas pessoas fizeram e estão fazendo doações — tanto para hospitais e governos, como para pessoas necessitadas que recebem cestas básicas, roupas, carinho, atenção, inclusão, convivência respeitosa e afetuosa.

Doar tratamentos, leitos hospitalares, máscaras, cuidados especiais, cadeiras de rodas, muletas, auxílio-moradia, auxílio-alimentação.

Professoras e professores doando seu tempo e criando novas habilidades para o ensino à distância.
Pais e mães reaprendendo lições da infância e adolescência bem como o uso de novas plataformas digitais.

Doar tempo, sabedoria, conhecimento, afeto, presença.

Doar brinquedos e brincadeiras — estar junto, conversar, compreender um ao outro. Muitas doações — inesperadas e algumas intencionais — acontecem durante crises e grandes dificuldades coletivas.

Ah! Se pudermos manter esse bom contágio por toda a nossa vida, teremos sociedades mais harmoniosas e saudáveis.

Voltando ao mosteiro de Hosshin-ji, à vida comunitária onde tudo era compartilhado, onde varríamos juntos a grande área de jardins e passeios. Sem falar, em silêncio, após a refeição matinal, cada pessoa com sua vassoura (algumas daquelas antigas feitas de galhos secos e longos) vinha de uma direção e fazia um montinho de folhas. Logo uma outra pessoa, que nessa manhã tinha a função de recolher as folhas, se aproximava com a pá e colocava em um recipiente. Trabalho comunitário silencioso, ágil e perfeito. Todos nós cobríamos a cabeça com uma fina e pequena toalha branca.

Essa toalha nos abrigava do sol, do frio, de insetos, de poeira.

De tempos em tempos, cortávamos lenha para o banho e a cozinha. Na verdade, os monges cortavam, os mais fortes. Nós trazíamos as toras de madeira e, depois de cortadas, as organizávamos em grandes pilhas.

A sala de banho não era mista. O banheiro das monjas era pequenino, individual. O dos monges, nunca vi, mas me disseram que era grande e se banhavam juntos, sempre em silêncio.

No mosteiro feminino de Nagoya, também nos banhávamos de três em três ou cinco em cinco, porque era pequenino.

Grandes salas de banho de mosteiros maiores podem ter até mesmo vinte ou trinta pessoas simultaneamente.

Há banhos públicos no Japão, mistos. Homens, mulheres, crianças. A nudez numa sala de banho é considerada natural e sem malícias. Entretanto, há modos tradicionais que devem ser respeitados. Ninguém olha para ninguém e todos mantêm suas partes íntimas recatadas, atrás de pequenas toalhas brancas — as mesmas que usávamos para o trabalho matinal coletivo.

Num mosteiro, há três locais de silêncio absoluto: sala de meditação, privadas e sala de banho. As refeições também devem ser em silêncio, mas há preces no início e ao final.

Antes de entrar no banho, ainda com os hábitos monásticos, fazemos três reverências ao protetor da sala de banho e ao final outras três, em gratidão e respeito. O protetor da sala de banho dizem ter sido um monge que ao tomar banho se iluminou, despertou para a verdade. Há um poema no altar antes da porta:

Que esta água de banho purifique,
por dentro e por fora, a mim e a todos os seres.

Monges que vieram de outros países haviam iniciado uma horta em um terreno do mosteiro. No Japão, geralmente não há plantações nos mosteiros.

Monges e monjas devem se dedicar aos estudos, às práticas meditativas, às tarefas de limpeza e manutenção das edificações e dos jardins, às práticas de liturgias especiais, textos sagrados, recepção de fiéis, aulas para crianças e adultos, serviços memoriais, velórios, enterros, casamentos, bênçãos. Há tanto a ser praticado e aprendido que geralmente não haveria tempo para cuidar da terra.

Entretanto, o mosteiro Hosshin-ji tinha características especiais, por abrigar muitos não japoneses, que o abade permitiu que fizessem a pequena horta.

Havia plantações de alface e outras verduras, onde ficávamos retirando os insetos e as lagartas, colocando-os em vidros e depois os levando para o outro lado do riozinho, na mata. Não para matar.

Era nesse rio que lavávamos nossa enxadas, pás, tesouras usadas na horta. Depois de enxugar cuidadosamente, eram todos colocados em seus devidos lugares, em perfeita ordem. Sempre considerando quem fosse usar no dia seguinte.

Do outro lado do rio, havia outro templo.
Perto desse templo, havia uma casa antiga, que se avistava da margem de cá. Fiquei sabendo que havia sido a residência do grande mestre Harada Daiun Sogaku Roshi, que fora o 27º abade de Hosshin-ji, a partir de 1922.

O mosteiro foi fundado em 1522 pela família Takeda, de origem aristocrática, para ficar na parte noroeste do terreno, chamada de "Entrada do Diabo", e que por isso precisa ser protegida.

O abade Harada Daiun Sogaku Roshi tornou o mosteiro vivo, com muitos monges e monjas, leigos e leigas. Antes de sua chegada, havia apenas quatro ou cinco monásticos em treinamento.

Essa casa antiga, com tradicional arquitetura japonesa, era preservada pela monja que fora sua assistente até seus últimos dias.

Certa ocasião, atravessei a ponte e fui conhecer a monja e a casa do antigo mestre.

Quando, já envelhecido, se aposentara da abadia, fora morar nessa casa simples e confortável. A monja, sua assistente até a morte, me recebeu com alegria. Entramos. A casa era um museu, cuidada como se o mestre ainda estivesse vivo. Ela fazia ofertas de chá, alimentos, nas mesmas horas que fazia quando ele estava vivo. Maravilhei-me. Era um local sereno e austero.

Ele havia recebido muitos discípulos nessas salas e os orientado no caminho zen.

Dois de seus principais discípulos cuidavam dos dois templos — um de cada lado do rio. Se um dia foram irmãos do darma, depois da morte do mestre se tornaram concorrentes. Os praticantes de um lado do rio não costumavam passar para o outro lado. Nos dias memoriais do mestre, iam em horários diferentes fazer suas homenagens frente ao túmulo do grande professor. Monges também são seres humanos.

Harada Daiun Sogaku Roshi, teve muitos discípulos. Um deles, Yasutani Hakuun Roshi, fez várias viagens aos Estados Unidos e auxiliou grupos liderados por monges em retiros e na implantação do zen-budismo nas terras da América do Norte. Yasutani Roshi foi um dos professores de meu mestre de ordenação, Koun Taizan Hakuyu Maezumi Roshi e da minha primeira orientadora, Charlotte Joko Beck Roshi.

Entre os vários estrangeiros que praticaram em Hosshin-ji, se destacaram o padre Hugo Enomiya-Lassalle, que ensinou o zen para religiosos católicos na Europa, e um famoso norte-americano chamado Philip Kapleau, que se tornou um grande abade fundador de um grupo de praticantes norte-americanos e escreveu um livro até hoje lido por zen budistas, *Os três pilares do Zen*.

O que caracterizou o grupo de Harada Roshi, Yasutani Roshi e seus discípulos é que, junto com outros monásticos e leigos, eles criaram um grupo chamado Sanbo Kyodan — Escola dos Três Tesouros, que insistiam em estimular as práticas meditativas com questionamentos que levam a transcender a mente comum. Diziam que apenas sentar pode levar a indolência e ao sono. Que era necessário estimular a mente à procura do despertar, do encontro com sua natureza essencial, a natureza de Buda.

Zazen verdadeiro precisaria ter três atributos: *Joriki* — a força de concentração na parte baixa do abdômen, um poder dinâmico, um sentar forte e decidido. Segundo atributo: *Kensho* — ver sua natureza própria, despertar; e o terceiro:

Anokutara Sammyaku Sambodai penetrar o Supremo Caminho, ou seja, viver uma vida desperta.

O mosteiro do lado de lá do rio era dirigido por Harada Tangen Roshi. Ele havia se tornado completo adepto desse grupo que a Sōtō Shū não reconhecia oficialmente, e por isso seus discípulos precisariam atravessar o rio para obter seus certificados. Devido a discórdias entre os abades, seus discípulos nunca treinavam em Hosshin-ji, mas iam a outros mosteiros.

Curiosa em conhecer o que havia por lá, uma das monjas japonesas que treinavam comigo me levou.

Atravessamos o rio por uma pequena ponte e fomos muito bem acolhidas. Decerto haviam conversado antes e nossa chegada não foi surpresa.

Antes de ir embora, já do lado de fora, perguntei à monja qual fora o principal ensinamento do seu mestre. Ela sorriu, abriu ambas as mãos, com as palmas para cima, e disse:

"Abra as mãos e elas ficarão repletas de toda vida do céu e da terra."

Abrir as mãos, nada reter. Mãos prontas a servir e a cuidar.

Doação verdadeira é presença pura. Estar presente, entregar-se, abrir as mãos para quem precisar e para o que precisar ser feito.

Sem defender este ou aquele ponto de vista, sem brigar, sem fechar os punhos e sem ofender, sem se fechar.

Doar seu tempo, seu olhar, seus ouvidos.
Doar sua voz, ensinamentos, ternura.
Doar sua vida, seus órgãos para quem precisar.
Doar méritos que tenha acumulado para que outrem fique bem.

Quem pratica a doação é capaz de estimular outros a doar.

Quando estávamos mendigando e recebíamos uma doação, entoávamos em japonês um poema que pode ser traduzido — mais ou menos, assim:

O que é doado, o doador e quem recebe, todos são vazios de uma autoexistência independente e separada. São incontáveis os méritos da perfeição da doação, manifestando a equidade do mundo do darma.

Vida ética — preceitos

• ◆ •

Criar relacionamentos de harmonia e respeito

"A pedra apodrecerá, meus votos não."

Esse é o compromisso de, primeiro, fazer votos e, segundo, compreender seus votos e mantê-los.

É muito difícil uma pedra apodrecer — seriam milhões de anos? O compromisso é de jamais desistir de si e de seus propósitos, seus votos.

Que votos são esses? O voto de não fazer o mal, fazer o bem e fazer o bem a todos os seres.

São os votos de um ser que despertou. Não podem ser apenas palavras balbuciadas em momentos de emoção. Devem se tornar cada célula de seu corpo, cada palavra, cada gesto, cada atitude e cada pensamento.

Minha superiora no Mosteiro Feminino de Nagoya, no Japão, certo dia fez a seguinte analogia sobre duas pessoas em um barco furado, que começa a afundar.

Uma delas, com as mãos em concha, não se cansa em devolver a água ao rio. É pouco o que consegue fazer. Essa é a pessoa que fez o voto de beneficiar todos os seres. A outra talvez orasse, talvez ficasse aflita.

Quem fez o voto continua tentando salvar todos os seres, salvar o barquinho. É aquela pessoa que não desiste. Como dizia um colega de redação há mais de cinquenta anos, "o impossível pode demorar um pouco mais".

Há também a história do pequenino passarinho que, ao ver a floresta em chamas, voava até o rio e trazia uma gotinha de água em seu bico. Os outros animais e pássaros, que fugiam correndo, riram dele e diziam: "Pare com isso, não adianta nada, você poderá se ferir, ficar chamuscado, morrer." Mas o passarinho continuava. Estava quase chegando à exaustão completa quando os seres celestiais, se apiedando de seus esforços, enviaram uma grande chuva e o fogo apagou.

Eu continuo pedindo aos seres celestiais que enviem essa grande chuva para o Pantanal, para o interior de São Paulo e Paraná, para Floresta Amazônica, para a Califórnia e Oregon. Os poucos pequenos voluntários e bombeiros que tentam apagar as chamas estão ficando chamuscados, com os pulmões afetados. Por que a chuva da compaixão não desaba nessas áreas de tanta dor, morte, queimadas?

Cada árvore em chamas apunhala meu coração.

Não consigo ver na TV os animais feridos, queimados.

Algumas pessoas dizem que fizeram de propósito, para criar campos de plantações, campos de engorda de gado. Será verdade?

Sei que há muitos seres humanos que não despertaram, que não são capazes de se comprometer para o bem de todos os seres.

Será que minhas orações são insuficientes?

Há meses oro também para que diminuam as vítimas do Coronavírus, para que haja curas e não haja mortes. Fiz doações, rezas, meditações. Participei de abaixo-assinados, manifestei-me nas redes sociais:

"Usem máscaras, fiquem em casa, façam o distanciamento social, ainda não é momento de voltar às aulas."

Lives e mais lives, entrevistas incessantes nos canais de TV, rádios, inúmeras plataformas, Instagram, Facebook, YouTube. Por toda parte insistindo:

"Se conseguimos ir a outros planetas, como não conseguimos criar reservas de água para as áreas que queimam todos os anos?"

Surgem questões éticas e morais.

Desencantamento com falta de políticas públicas capazes de beneficiar a todos e não somente a alguns. É difícil, muito difícil. Por isso, os votos necessários, o compromisso mais íntimo da mente da equidade, equanimidade e não igualdade. Capacidade de perceber a necessidade verdadeira de cada mata, de cada situação, de cada povo, que forma o grande povo.

Atuar de acordo com cada necessidade. É o mesmo com a educação, a formação de seres humanos livres. Por serem livres, são responsáveis pela vida da terra, a vida na terra.

Você respeita a si e aos outros?
O que faz para o bem de todos os seres?
Reclamar, resmungar, chorar, orar, meditar não bastam.

Perguntas e mais perguntas devem e precisam ser feitas.

Muitas pessoas consideram que manter os preceitos de Buda é seguir à risca o que ele falou há mais de 2.600 anos.
Não está errado. Está incompleto. É preciso observar em profundidade, investigar os fenômenos e perceber o que é adequado em cada situação, para cada grupo em cada momento.

Um pouco de história.

Buda era filho de um rei, primogênito, logo, herdeiro e sucessor de seu pai. Era jovem, casado, feliz, pai de um menino, vivia na corte cercado de mimos.

Questionou-se sobre a vida fora do castelo, saiu algumas vezes, escondido e disfarçado. Encontrou a velhice, a doença e a morte. Ao final, encontrou um renunciante, um peregrino, talvez de dreadlocks, sunga e com o corpo coberto de cinzas.

Desorientado com a visão real de um mundo que a ele era escondido, viu a realidade das diferenças sociais, da fome, das doenças, dos prantos, da morte. Eram tantas as tristezas, tão grandes as dificuldades e problemas, que o jovem questionou-se sobre o sentido da existência. Assim, numa noite clara de lua cheia, abandonou tudo que é difícil de se abandonar, cortou os cabelos (símbolo da casta) e se tornou um peregrino.

Renunciou a todos os privilégios de seu grupo social e foi à procura de respostas das perguntas que o atormentavam.

Praticou Yoga, fez ascetismos — sem comer, beber, dormir. Ficou fraco. Restaurado seu vigor por uma pobre pastora, que lhe ofereceu arroz doce, sentou-se em zen.

Zazen não é meditação. *Za* é sentar e *zen* é adentrar a essência da existência. É abandonar, renunciar até mesmo o estado do despertar.

Sentou-se. Depois de sete dias e sete noites teve uma experiência mística. Havia superado todas as armadilhas da dualidade. A frase que revela o seu despertar, ao amanhecer do oitavo dia:

"Eu e a grande terra e todos os seres, juntos, simultaneamente nos tornamos o caminho."

Reflita sobre essa frase. Cada palavra, cada conexão entre as palavras. Todas revelam um estado profundo de interdependência, de coexistência, que nosso jovem amigo havia penetrado e que todos podemos alcançar.

Ele não ficou admirando sua descoberta, nem perdido e separado da realidade. Caminhou para reencontrar antigos companheiros de práticas espirituais para poder compartilhar sua descoberta, seu despertar.

Pouco a pouco, foi se formando um grupo de seguidores, discípulos, homens e mulheres leigos e leigas. Ouviam, compreendiam e praticavam seus ensinamentos.

Alguns se tornaram monásticos e a ordem de monges e monjas foi estabelecida.

Ora, o grupo era itinerante, todos seguindo Buda, só ficavam em algumas edificações na época das monções, das grandes chuvas.

No início, não havia regras, preceitos, princípios comuns a todos. Era de se esperar que quem fosse seguir Buda tivesse noções éticas básicas, princípios morais e se comportasse com dignidade e respeito em relação a tudo que existe.

Mas, como em todos os grupos que vão crescendo, alguém precisa elaborar — como hoje fazem nas empresas — quais os valores, os propósitos e os meios de manter os valores e atingir os propósitos.

Assim, nosso antigo príncipe peregrino, que passa a ser considerado um Buda após sua experiência mística, inicia uma jornada acompanhado por uma grande comunidade de seguidores.

Hoje, os seguidores são virtuais.

Imaginem se uma influenciadora ou influenciador saísse nas ruas com dois, cinco, oito, dez milhões de seguidores, como acontece nas redes sociais. Seria um grande evento. Pararia o trânsito e a cidade.

Talvez Buda tivesse no início dez, vinte seguidores que depois se tornaram algumas centenas.

A vida comunitária exigia regras. Havia pessoas que não o seguiam pelas estradas, mas o convidavam às suas cidades e vilas para ensinar. Nos ensinamentos ele proclama as Três Regras de Ouro — comum a quase todas religiões e grupos espiritualizados.

Não fazer o mal.
Fazer o bem.
Fazer o bem a todos os seres.

Simples, comum, óbvio e ao mesmo tempo difícil de manter.

A mente humana sem conhecimento de si pode ser manipulada, enganada e ficar presa nas armadilhas dos apegos, dos desejos, das individualidades, das aversões.

Surgem ódios, rancores, brigas, armas, mortes, ferimentos desnecessários... Se apenas pudermos fazer alguns votos simples de não matar, não roubar, não abusar da sexualidade, não mentir, não negociar intoxicantes, não falar dos erros e faltas alheios, não se elevar e rebaixar os outros, não ser movido pela ganância, não ser controlado pela raiva e nunca depreciar o estado desperto — Buda, os ensinamentos e práticas que levam ao despertar — darma, ou a comunidade de praticantes, de pessoas que se entregam às práticas e estudos, ao receber e transmitir a verdade e o caminho — a *sanga*.

Tomar decisões levando em conta que cada instante é único e ao mesmo tempo interligado a tudo que é, foi e será, é viver de forma ética, manter os preceitos, tornar-se os preceitos e criar uma realidade mais justa e tranquila.

Quero contagiar você para que faça votos de nunca magoar, ferir ninguém nem desenvolver pensamentos maléficos. Contagiar com as virtudes, com o bem.

Lembre-se somos o que falamos, fazemos e pensamos.

Desperte!

Silêncio

◆

Você já percebeu, sentiu, apreciou ficar em silêncio?

Podemos ouvir melhor. Externa e internamente.

A pandemia nos facilitou com a quietude das ruas.

E a quietude mental? O nobre silêncio da mente tranquila, que tudo conhece e reconhece, que não se espanta, acolhe, aceita e transforma.

Já experimentou ficar quieta? Quieta de ficar em casa sem música, sem celular, sem computador, sem tv?

Silêncio,
Musa chora e chora tanto
Que o pavilhão se lave no seu pranto

("Navio Negreiro" — Castro Alves)

Minha mãe declamava esse poema. Decorei uma frase ou outra de tanto ouvi-la. Forte, épico, antiescravagista.

Não podemos silenciar frente a abusos, crimes, discriminações preconceituosas, assassinatos, genocídios. É preciso que nos manifestemos.

Calar é consentir.

O silêncio que contagia é o silêncio interior, a tranquilidade mental que deve estar presente mesmo nas manifestações públicas.

Nada de ódio, rancor, vingança, terror.

Mas é pela ternura, pelo respeito, pela inclusão que se transforma uma cultura de violência.

Ficaram famosas as manifestações dos trabalhadores nas salinas da Índia: multidões caminhando em silêncio, vestidos de branco e com cartazes: "Nós existimos".

Sem gritar, sem ofender, sem cerrar punhos, sem armas, manifestações silenciosas e fortes, com cartazes singelos podem ser mais eficazes do que as agressões e provocações que geram mais conflitos e atritos.

Um silêncio profundo no dia do pecado
Amortalhava o mundo
E Adão, vendo fechar-se as portas do Éden, vendo
Que Eva olhava o deserto e hesitava tremendo
Disse:
"Chega-te a mim! entre no meu amor,
E à minha carne entrega a tua carne em flor!
Preme contra o meu peito o teu seio agitado
E aprende a amar o Amor, renovando o pecado!

Abençoo o teu crime, acolho o teu desgosto
Bebo-te, de uma em uma, as lágrimas do rosto!

Vê! tudo nos repele! a toda a criação

(...)
Homem fico, na Terra, à luz dos olhos teus
— Terra melhor que o Céu!
Homem, maior que Deus!"

De novo a voz de minha mãe ecoando na sala entoando a "Alvorada do amor", de Olavo Bilac
Forte. Dramática.
Ela acreditava em Deus, mas eu me tornei ateia.
Talvez essa poesia tivesse ajudado a desacreditar.
Havia outra, também, "Esta vida", de Guilherme de Almeida, que começava assim:

Deus? Eu não creio nessa fantasia
Deus me dá fome e sede a cada dia...

Frases que ficaram guardadas. Penso no padre Julio Lancellotti, que trabalha com a pastoral de rua, é amado e respeitado por muitos e é odiado e ameaçado por poucos. Ele crê em Deus. Mesmo que os moradores de rua sejam mortos e estejam abandonados, com fome e sede. Ele se torna a mão sagrada que acolhe e alimenta — corpo e espírito.

O silêncio é louvado no momento da morte de Buda.
Dizemos que Buda adentra *parinirvana*, o grande nirvana final, a grande paz. Uma de suas últimas frases.

Silêncio. Parem agora. Atravesso. Este é o meu ensinamento final.

Adoentado, cansado, com 80 anos de idade, recostou-se e despediu-se de seus discípulos exortando-os a continuar a jornada, a levar a luz dos ensinamentos para o bem de todos os seres.

Nos textos clássicos budistas, quando Buda ensinava, usavam a expressão de que o leão rugira.

Leão é o rei da floresta. Quando o leão ruge todos os outros animais se calam. Assim era. Assim é e assim sempre será. Quando um Buda fala, todos se calam.

Hoje temos que reaprender a silenciar para ouvir o outro. Principalmente nas redes sociais, pois apenas uma das vozes é audível de cada vez. Se falarmos ao mesmo tempo que outra pessoa, nada se ouvirá.

A tecnologia nos ensina a tocar objetos, teclados, computadores com mais delicadeza.

Também nos ensina os princípios básicos de educação e de diálogo: ouvir para entender. Só depois de ouvir atenciosamente devemos falar. Se formos capazes de nos ouvir mutuamente, haverá menos conflitos.

Silencie! Ouça o som dos pinheiros ao vento.

Estamos numa sala de cerimônia de chá e a água está fervendo na temperatura certa — som do vento nos pinheirais. Suave.

Sala de *zazen* é local de silêncio.
Sala de banho é local de silêncio.
Privadas são locais de silêncio.

Para não perder tempo, para estar alerta, para estar presente e atuando de forma a não empatar quem vem depois.

Pensar no outro, saber-se uma das formas de vida. Não a mais importante ou a melhor de todas. Apenas uma das formas de vida.

Quando o coração bate sereno, quando a mente está alerta e tranquila, o silêncio nos permite evitar a fala fútil ou inútil.

Padres e madres do deserto fazem o voto de silêncio.
Seus lábios se abrem para as orações e os cânticos de louvor. Uma vez por semana podem se encontrar ao ar livre e conversar sobre assuntos que não causem aborrecimento, preocupações.
Cartas de familiares recebem uma vez ao ano.
Rezam por alguém ou para algo?
Certamente não, me respondeu um deles.
Sabemos Deus.
Onipresente, onisciente.
Quem somos nós a dizer ao Pai Eterno o que deva fazer ou deixar de fazer?
Isso é para quem não crê, não sabe, não encontrou.

Assim, as nossas preces devem ser para que os seres humanos despertem e vivam em harmonia.

Livre arbítrio — você escolhe, cria causas e condições.

Vamos silenciar por uns momentos.
Ouvir e sentir a brisa, o raio de sol ou de luar.
Há sons de vozes, risadas. Há ruídos e há o nada.

Ouça o vazio e abandone as intenções, as expectativas. Seja, apenas seja, "intersendo" com tudo que existe. Nobre silêncio!

Fala correta

•◆•

Evite conversas inúteis. Vá além do pensamento discriminatório e realize a verdadeira natureza de todas as coisas. Buda disse: "Praticantes! A fala à toa perturba a mente e, apesar de seus votos, não serão capazes de realizar o despertar. Por esta razão, vocês devem, rapidamente, abandonar as discussões que perturbam a mente. Apenas os capazes de o fazer podem experimentar a bênção do despertar. Tal é a natureza de evitar conversas inúteis."

Nos seus últimos instantes, Buda, cercado por discípulos, fez a explanação dos oito aspectos de prática que facilitam o despertar.

Evitar conversas desnecessárias é um deles.

Se queremos ter a mente tranquila e o coração sereno, devemos evitar discussões. Podemos dialogar. Falar corretamente é falar o que leva as pessoas à verdade, a entrar em contato com a realidade. Discutir apenas não leva a lugar algum.

Falar bobagens, inutilidades, pode perturbar sua mente. A mente imperturbável é a mente desperta.

Você vive com pessoas que gostam de provocar discussões? São pessoas carentes de afeto e atenção.

Observe em profundidade e ofereça sua atenção amorosa. Não discuta, perceba a necessidade verdadeira.

Algumas pessoas, para se aproximar de outras, falam mal de uma terceira. Perceba a intenção verdadeira de quem se próxima. Cuidado. Algumas vezes uma só palavra pode trazer o veneno da desconfiança, da raiva, do receio ou do medo.

Há pessoas que gostam de comentar que os outros falaram mal de você. Na verdade, elas gostariam de ter dito — e muitas vezes concordaram com — o que os outros falaram. É uma provocação.

A pessoa sábia não se ofende. Da mesma forma que não fica exuberante ao receber um elogio.

Sabem quem são. Logo não temem.

Mas nem sempre estamos equilibradas suficientemente para suportar calúnias e ofensas sem nos manifestarmos.

A fala correta não responde a grosseria com grosseria, a mentira com outra mentira, a ofensa com outra ofensa.

É a capacidade de observar a verdadeira dor e sofrimento de quem está ofendendo, mentindo, sendo grosseiro.

Ser capaz de compreender e responder com palavras amorosas é a raiz de uma árvore extraordinariamente frondosa e agradável, onde todos podem sentar à sua sombra e sentir a doçura dos suaves raios de sol.

Abrigar-se em Buda, no darma e na sanga.

Sentir-se abrigado, acolhido, incluído e querido.

Em seu último discurso, Buda disse:

"Praticantes! Procurem devotadamente o caminho, pois todas as coisas mundanas — tanto as transientes como intransigentes, estão sujeitas à destruição e à decadência.

Praticantes! Parem de falar por um momento. O tempo passa e eu estou entrando em *parinirvana*. Atravesso. Este é meu ensinamento final."

Buda estava com 80 anos de idade, adoentado, sabia que iria morrer.

Quais seriam, leitores, as suas últimas palavras se soubessem que em pouco tempo morreram?

Se você estivesse lúcida nos momentos finais, cercada de pessoas queridas, seguidores, amigos, parentes, todos esperando uma palavra de conforto na despedida, um ensinamento de sabedoria — o que diria?

O *Breve Parinirvana Sutra* revela trechos desses últimos ensinamentos do Buda histórico.

Quando não há mais tempo para grandes e complicadas teorias, analogias e explicações. Como estimular discípulos e discípulas a manter a mente desperta?

Essa é a importância da palavra correta. A palavra que leva as pessoas à verdade e ao caminho. Palavras que estimulam a procura da verdade e uma vida coerente com o despertar.

O que é a verdade? O seu olhar para a realidade, sua visão de mundo é correta? Comparada a quê?

Precisamos ter referenciais confiáveis. Amigos, professores, parentes, livros, ensinamentos e sentir confiança em si mesmo, na capacidade de discernir corretamente. Entretanto, sempre é positivo cultivar bons e boas amigas, pessoas que trilham a mesma senda, que se entregam às mesmas práticas e que se alegram no *zazen*, nos estudos do darma e nas descobertas de uma maneira mais gentil e suave de ser. Isso é se tornar um grande ser humano.

Buda explicou, em seus últimos momentos, sobre oito aspectos que, se mantidos, compreendidos e experimentado na prática podem nos tornar grandes seres:

1. Libertar-se da ganância, ter poucos desejos e assim libertar-se do sofrimento. Viver com simplicidade.
2. Conhecer a satisfação e manter um estado feliz e saudável. Estar sempre em tranquilidade.

3. Apreciar a quietude, o silêncio. Apreciar ficar a sós e não procurar estar sempre com muitas pessoas, para não perturbar a mente.

4. Diligência, prática incessante. E o exemplo que Buda deu a seus discípulos foi semelhante a um ditado popular nosso: "Água mole em pedra dura, tanto bate até que fura."

5. Memória correta, significa preservar a memória da verdade e não permitir que se perca. Não é apenas lembrar o que fez de manhã, mas lembrar-se do que é a verdade, do que é real.

6. *Samadi* é resultado da prática da meditação profunda. É residir na verdade, adentrar um estado mental imperturbável.

7. Sabedoria pode e deve ser estimulada, praticada, desenvolvida. A sabedoria surge do despertar e o despertar surge de haver procurado ensinamentos e práticas que levam ao despertar.

8. Fala correta é o último dos oito aspectos. Fala que alegra e estimula todos os seres a viver sábia e amorosamente.

São as últimas recomendações de um ser bom desperto. Recomendações para que todos possam ter uma vida digna, desperta, lúcida e plena de contentamento. Fale corretamente e sinta os resultados. Essa fala vem de haver compreendido, acolhido e, de forma hábil, resolvido as dificuldades.

Use palavras amorosas. Mestre Eihei Dogen, fundador da ordem Sōtō Shū, no século XIII, escreveu para seus discípulos no Japão:

O significado de palavras amorosas é que ao nos relacionarmos com outros seres nos enchemos de compaixão e queremos protegê-los de forma afetuosa, como se fossem nossos próprios filhos.

Palavras amáveis são a origem para aplacar o ódio mais nefasto dos inimigos e também para estabelecer novas amizades.

Ouvir palavras amorosas ilumina a face e aquece o coração. Causa maior efeito ainda quando as palavras amáveis são ditas com profundidade. Lembre-se de que as palavras amáveis têm um impacto enorme.

Vamos tentar? Que tal contagiar o mundo com palavras amáveis, com ternura e respeito? Experimente por três semanas e transforme sua fala.

Que seja macia, suave, verdadeira, sem insultos, sem grosserias, sem palavrões.

Meio de vida correto: investigação dos fenômenos

•◆•

O seu meio de vida prejudica outras vidas? Ou você já percebeu que, ao cuidar, somos cuidadas?

Investigar os fenômenos. Investigar o que está sendo dito — se é verdadeiro ou não. Desconfiar das fake news e não divulgá-las sem procurar saber mais de fontes fidedignas.

Investigue sua mente.
Como pensa? Como se relaciona? Como age?

Perceba de onde vêm suas reações e escolha respostas adequadas. Reagir é fácil. Agir é difícil e, por isso, melhor. Você está no controle de si mesmo.

O autoconhecimento permite que você não se ofenda nem ofenda a ninguém. Sabendo quem é, vive com alegria, satisfação e leveza. Não há nada a provar a mais ninguém.

Meio de vida correto é não abusar do nosso corpo comum — a vida da Terra. Nenhuma atividade que prejudique o sistema, que aumente a devastação das matas e das florestas, que polua rios, lagos, mares e terras, que prejudique a atmosfera e impeça a respiração saudável de todas as formas de vida no planeta.

Meio de vida correto é investigar se a empresa para a qual você trabalha tem a visão correta e princípios com os quais você concorda e aprova. Caso contrário, tente mudar ou você se mude.

Quem cala, consente.
Se percebe ações, pensamentos e falas impróprias no local de trabalho, fale com quem possa transformar essas circunstâncias. Não é delatar. É compreender e transformar.

Cabe a cada ser humano ser a transformação que quer no mundo.

Você trabalha apenas pelo dinheiro, ou sente prazer no que faz? Sente vontade de ser ainda mais hábil do que já é — e faz novos cursos, procura manter-se em dia com a rapidez das mudanças tecnológicas?

Meio de vida correto é ser coerente com seus valores e princípios. É uma vida ética, voltada ao bem de todos os seres. Não é fácil.

Sempre precisamos fazer escolhas. Que sejam escolhas que minimizem dor e sofrimento ao maior número de seres.

Coisas simples como observar, ao fazer suas compras, se a empresa que produz os produtos é uma empresa responsável, voltada para a sustentabilidade, cuidadosa e respeitosa com seus colaboradores.

Houve uma ocasião em que descobriram uma empresa de roupas que abusava de seus costureiros e costureiras.

Estes viviam em condições análogas à de escravo. Houve grande divulgação e muitas pessoas deixaram de comprar em suas lojas. Rapidamente eles se arrependeram e transformaram as relações trabalhistas.

Tudo é possível de mudar. Muitas vezes precisamos provocar essas mudanças.

Alimentação saudável e natural, do que está na época, é sempre melhor.

Viver com simplicidade.

Perceber as provocações das propagandas e investigar se realmente aquele produto é necessário para você.

Consumo consciente. Consumir o necessário. O extraordinário é demais.

Quando a roda do darma gira não há falta nem excesso — essa frase está relacionada aos preceitos budistas, ao compromisso de uma vida equilibrada. Sem excesso e sem faltas.

Isso também não significa que você se torna uma pessoa equilibrada demais. Fica uma pessoa chata. Toda certinha.

Vamos fugir desse lugar?

Vamos encontrar a liberdade de até mesmo fazer o que não é prazeroso para você mesma?

Sem excesso e sem falta.

Nem muito boa, nem muito má. Humana. Pessoa humana. Deliciosamente plena de faltas, de erros, de insuficiências e, por isso mesmo, capaz de libertar-se e transformar-se. Capaz de encontrar a perfeição.

Investigue os fenômenos. De uma coisa surge outra. Perceba a interconexão entre tudo que existe, inclusive seus pensamentos.

Não incomode seus vizinhos, mas interfira se estiverem brigando.

Amigos podem discordar e continuar amigos.

Não explore ninguém, compartilhe seus bônus.
Doe.
Doe mais.

A pandemia nos tornou mais sensíveis às necessidades dos mais vulneráveis. Cestas básicas, reconhecimento da sua importância nas tarefas diárias. Não vamos perder isso.

O medo do contágio afastou fisicamente algumas pessoas das outras, mas as aproximou tanto virtualmente.

Alguns não tiveram medo e se expuseram — talvez com a intenção de logo se contagiar e se curar. Quem sabe?

Não julgue ninguém, nem condene sem provas.

Suspeitas são como cobras venenosas. Não durma com elas em seu quarto.

Revele a verdade, procure, analise friamente e profundamente.

Não permita que suas expectativas interfiram na visão clara da realidade.

Há tanto a ser feito.

Tantas pessoas que estão despertando.

Sem medo da Inteligência Artificial, sem medo dos algoritmos, mas sabendo utilizar de forma hábil.

Sem excesso e sem falta.

Há escolas na Finlândia que entregam um iPad para cada criança que entra. Usar a tecnologia para a educação.

Muitos tivemos que aprender, por causa da pandemia. Outros já usavam há tempos.

Importante.

Usar para não ser usado.

Perceber os jogos mentais, as tentativas dos grandes canais e das propagandas a induzir nosso processo mental.

Se você olhar em profundidade, se observar os fenômenos com clareza, não há com o que se preocupar.

Ligue e desligue livremente o celular, o computador e todos equipamentos tecnológicos.

De vez em vez, olhe para o mar.

Apenas sente-se, sem falar.

Ouça o som das ondas e das marolas.
Há mares verdes, azuis, cinzentos. Há espuma em alguns, em outros, uma cor mais de areia. Água salgada, preciosa, fonte de vida.

Suba em uma montanha, devagar e com alegria. Sente-se e observe lá longe... Há no Parque da Cantareira, Zona Norte de São Paulo, a Pedra Grande.

É grande mesmo, uma boa caminhada pelas trilhas e chegamos na Pedra Grande. Fique alguns momentos em silêncio. Sentindo a brisa, o calor ou frio, e lá longe está a cidade de São Paulo.

Tanta gente.
Amores e desamores, nascimentos e mortes, amizades e traições. Observe em profundidade. Respire e ofereça o bem, a ternura, o respeito e a acolhida a toda essa gente.

Não ore apenas por este ou aquele, ore também por todos e todas.

Ainda se fala em empoderamento das mulheres nas empresas... Por quê? Porque ainda não há equidade.

Não somos iguais aos homens, nem iguais entre nós. Mas todas as pessoas têm os mesmos direitos de crescer numa empresa, de ter cargos de chefia. Líderes são talhados pelos liderados. Professores são melhores professores quando seus discípulos os fazem melhores.

Tudo está interrelacionado.
Investigue os fenômenos e viva bem.

Amor incondicional

◆

Há quem diga que só os animais sentem amor incondicional.

Algumas pessoas insistem que os cães não ficam de mal. Pois tenho uma experiência diferente. Nem deveria contar. Mas foi assim.

Um dia me deram um cão labrador dourado. Veio com cicatrizes na face. Era bravo. Por brigar com outros cães, acabaram me presenteando. Um cão grande, protegeria a casa.

Seu nome era Godofredo.
Assim que chegou, escolheu um canto no quintal. Atrás dele ficava o tanque e as máquinas de lavar roupas.
Ele dali tinha as costas protegidas e visão total, de todos os lados.
Quando eu — ou qualquer pessoa — se aproximava, Godofredo rosnava.

Tinha a rosto largo. Era grande e forte. Como torná-lo amável? Fora rejeitado por seu dono, pois brigava com o outro cachorro, comia o peixe da festa, deitava molhado no sofá, depois de nadar na piscina. Um dia, só soube depois, bem depois, mordeu o dono que queria tirar um osso de sua boca. Godofredo era danado.

Foi castigo. Veio morar no templo, sem piscina, sem outros cães, assustado.

Lembrei-me da cadelinha Malu, que estava na casa de um amigo, deixada por sua dona que fora para o mosteiro feminino no Japão para ficar alguns anos.

Malu se lembrava de mim. Costumava vir ao templo e, na hora das liturgias, se alegrava e se virava toda.
Pedi que trouxessem a pequenina. Ficou faceira e alegre. Adotou-me como sua e fez a ponte entre Godofredo e eu.

O grandão, vendo como ela se aproximava feliz, foi se chegando também. Ainda era bravo, as pessoas que o respeitassem. Outros cachorros queria morder. Chamamos uma treinadora de um grupo famoso. Tentou e tentou, mas não adiantou. Foi embora e nunca mais voltou — a treinadora. Todos na casa, no templo, precisariam seguir os mesmos comandos. E não foi possível.

Pensei em cruzar o cão.
Então ganhei uma cadelinha loira de olhos verdes. Pequenina, me foi entregue dentro de uma cesta de Natal. Era

novembro e ela acabara de desmamar. Ficou quietinha dentro do meu quarto, encolhidinha. Tive medo de colocar com o terrível e malvado Godofredo.

Pois o cachorrão acolheu a bebezinha como se fosse sua filhinha. Ela podia fazer qualquer coisa. Subia nele, mordia, até deformou uma de suas orelhas. Ele chorava e nada fazia. Godofredo ficou manso, ficou doce, apaixonado. Porém, já estava idoso, as pernas não sustentavam para cruzar. Tentava e não conseguia. Depois de uns bons anos, levaram a menina e ela cruzou com outro cão. Nasceram filhotinhos, seis, lindos. Mãezona. Godofredo, velhinho, já não conseguia subir as escadas e nem conheceu a ninhada. Morreu.

Duas cadelinhas ficaram pra não deixar a mãe sozinha.

Uma delas era fraca, a última a nascer, nem conseguia mamar. Eu precisava tirar as outras cinco do caminho antes de a teta secar. Era um trabalhão, várias vezes ao dia. A pequenina foi crescendo. Era a única malhadinha. Precisei viajar e pedi a quem ficasse com ela, que colocasse nas tetas, algumas vezes ao dia.

"Monja, que exagero, a natureza dá um jeito."

Recebi um telefonema, a cadelinha estava morrendo. Nem pegava mais a teta. Veio veterinária, deu água de coco, mel, leitinho e ela voltou à vida.

Fiquei com ela, fraquinha, quem sabe tivesse algum retardo pelo tempo que ficara desmaiada, quase sem vida?

Fomos dando as filhotinhos. Uma delas se escondia. Escondeu-se tanto que ficou aqui. Era a primogênita, a mais forte, a que mais mamava, brincava. A primeira cuja orelha se levantou e os olhos se abriram. Levada, comilona, alegre.

E as três ficaram aqui.
Certa briga por território? Nem houve. Respeitaram sempre a mãe. A primogênita ficou grande, maior que todas. A pequenina ficou menor que a mãe.

Brincavam, corriam e vivíamos bem assim. A pequenina ficou bem próxima de mim. A grande ficou meio abafada pela mãe, que certamente temia perder o poder, e pela menorzinha protegida por mim e pela mãezinha.

Pois cresceram, o tempo foi passando, a pandemia chegou. A mãe e a primogênita ficaram doentes, foram internadas, voltaram.

A pequenina, no afã da alegria, quis montar na grande, que gemeu. Pedi que parasse, não respondeu. Estava nervosa, aflita. Doença de cachorro faz mal para gente. Dei-lhe uma palmada. A única que dei na vida.

Desse dia em diante me trocou por minha discípula.
Amor incondicional?
Fui trocada definitivamente.

Fiz de tudo: bolachinha, carinho.
Ela escolheu ficar longe de mim.

Passou semanas, meses, me ignorando. Agora, de tanto esforço, pouco a pouco se aproxima, mas prefere ficar pertinho da outra. Olha com amor, abana o rabo violentamente, pede carinho, fica parada na porta do seu quarto, aguardando sair para rir e pular. Amor.

Fui trocada.

Seu amor foi transferido, completamente, para quem nunca lhe deu uma palmada.

Se você quer manter um relacionamento de amor incondicional, não bata.

Não perca a paciência.

Não grite, chore, fale alto, reclame.

Amor incondicional é fruto de amor real, de paciência, de treino de acolhimento.

Não é assim, de qualquer jeito.

Todos os seres vivos sentem.

As árvores sentem, jacarés, corujas e minhocas.

Tudo está vivo.

Somos a vida do todo manifesto.

Amar incondicionalmente é não ter expectativas de retorno de seu amor, dos seus cuidados.

Gostar por gostar, assim do nada.

Por estar compartilhando a vida.

Içami Tiba, filho de um monge do templo Busshinji de São Paulo, onde fiquei por quase sete anos, quando voltei do Japão, dizia e escreveu até um livro chamado *Quem ama, educa!*

O contrário também é verdadeiro.
Quem educa acaba amando.
Pode ser uma planta, um bichinho.
E vão nos dar amor incondicional tanto quanto nós formos capazes de os entender, cuidar, querer bem e amar.

Amar é sem medo.
Amar é livre.
Amar é acolher e reconhecer as necessidades verdadeiras.
Amar é brincar, é sentir alegria na presença e até na ausência.
Só de saber, só de lembrar que esse ser existe, a lua fica mais bonita, as estrelas mais fortes e a vida melhor de ser vivida.

Então, para terminar essa história canina e este livro sobre o bom contágio, convido você a contagiar o mundo todo, com amor incondicional.

Sem esperar retorno, sem querer brindes ou trocos, entregue-se ao bem-querer.

Não fale mal, não odeie, não resmungue nem cacareje.

Reconheça a beleza da vida que se multiplica, que nasce. cresce, envelhece e morre. Alguns nunca envelhecem.

Cuide.

Não para ser bom e correto, mas porque vem lá de dentro, do mais dentro do dentro fora.

Reconhecer em cada criatura parceiras da vida.

Sem formigas, sem peões, sem cavalos e bisões, sem bispos e sem torres, como fica o rei e a rainha?

Xeque-mate.
Chimarrão e boa companhia.

Até breve.

Mãos em prece,
Monja Coen

A que nada sabe e nada tem, pois é ninguém.
Você pode me amar mesmo assim?
Sem um eu, sem um *me*?
Sem uma autoidentidade substancial independente e separada?
Você pode me amar no sapo e na tigela?
Sem aparente relação ele com ela?

Que haja alimentos e fartura, compartilhamento e envolvimento para que todos os povos vivam com saúde e alegria, compreendendo que nada é permanente, mas podemos, em cada instante, ser excelentes.

Este livro foi composto na tipografia
Adobe Garamond Pro, em corpo 12,5/18,5, e
impresso em papel off-white no Sistema Cameron
da Divisão Gráfica da Distribuidora Record.